爆款

创意文案

让产品裂变、热传、大卖
的营销策略

马 斐◎著

中国纺织出版社有限公司

国家一级出版社
全国百佳图书出版单位

内 容 提 要

商业文案写作是一个综合性很强的工作，要兼顾的方面有很多。本书就是一本商业文案的详细写作指南，能为读者们提供系统的文案写作方法，并详细分析了好文案背后的逻辑和好文案的必备要素。通过阅读本书，读者能够掌握文案写作的基本思路和框架以及用文案实现销售的技巧。

图书在版编目（CIP）数据

爆款创意文案 / 马斐著. ––北京：中国纺织出版社有限公司，2020.3

ISBN 978－7－5180－7065－7

Ⅰ．①爆…　Ⅱ．①马…　Ⅲ．①商务—应用文—写作　Ⅳ．①F7

中国版本图书馆CIP数据核字（2019）第295536号

策划编辑：顾文卓　　　特约编辑：徐　洪
责任校对：韩雪丽　　　责任印制：储志伟

中国纺织出版社有限公司出版发行
地址：北京市朝阳区百子湾东里 A407 号楼　邮政编码：100124
销售电话：010—67004422　传真：010—87155801
http://www.c-textilep.com
中国纺织出版社天猫旗舰店
官方微博 http://weibo.com/2119887771
北京通天印刷有限责任公司印刷　各地新华书店经销
2020 年 3 月第 1 版第 1 次印刷
开本：710×1000　1/16　印张：15.5
字数：191 千字　定价：49.80 元

凡购本书，如有缺页、倒页、脱页，由本社图书营销中心调换

前言

广告牌、报纸杂志、网页中、手机屏幕里，文案的身影无处不在，它们时时刻刻吸引着人们的眼球，刺激着人们的消费欲望。

近几年，自媒体的迅速发展让广大文案人有了更大的舞台，文案的形式也更加多样，其中包括故事、报道、图文、心灵鸡汤等。社交媒体也让文案的传播范围变得更广，人人都能说出几个文案金句，有一些能量巨大的文案甚至能煽动大众情绪，制造流行现象。

可是，狂欢过后又有多少文案能真正地卖出产品、达到营销目的呢？文案人在制造"金句"的同时，也应该认真考虑一下，广告文案的本质和目的是什么。广告文案有着悠久的历史，自商品经济诞生的那一天起，广告文案也随之出现，人们的交换或买卖商品时的吆喝就是最早的广告文案。可见，广告文案最初的目的就是卖货。

很多文案人应该都听过这样一句话："文案就是坐在键盘后面的销售员。"笔者认为这句话非常准确，因为我们写广告文案的最终目的就是要提升销售额。

每一个文案人都要弄清一个事实：文案人不是文学家和诗人，也不是产品评论家，而是拿着笔和键盘的销售人员，一个合格的文案必须要能够直接或间接地帮公司卖货。因此，如果我们写出的文案不能提升销售额，即使这个文案再走心、再有创意也是无效的。

那么，我们应该如何写出有效的卖货文案呢？关于这个问题，很多文章会告诉你要洞察消费者，要找到产品卖点，要站在消费者的角度看问题……可是，这些知识点都是零散而不成体系的。

1

要知道，文案写作是一个综合性很强的工作，要兼顾方方面面。在一篇文案中，即使对消费者的洞察再准确，其他方面跟不上也一样卖不出货。所以，我们要系统地学习卖货文案的写作方法，梳理卖货文案写作的基本框架。

本书就是一本卖货文案的详细写作指南，能为读者提供系统的文案写作方法。笔者在本书中表明了这样一个观点："能卖货的文案才是好文案"，并详细分析了好文案背后的逻辑和好文案的必备要素。通过阅读本书，读者能够掌握文案写作的基本思路和框架，以及用文案卖货的技巧和套路。

本书围绕三个问题展开，第一个问题是：如何引起消费者的兴趣。书中的第一章至第四章为读者解答了这个问题，笔者从好文案的标准入手，分析了卖货文案必备的要素和文案人自我提升的方法，然后介绍了寻找文案选题、定位目标人群和挖掘产品卖点的方法。只要明确目标人群，找到好选题，再结合产品卖点，我们的文案就能吸引消费者的注意。

本书解决的第二个问题是：怎样激发消费者的购买欲望。笔者用第五章至第七章的篇幅回答了这个问题，我们要抓住消费者的心理，挖掘他们的需求和痛点，从文案的标题、开头到结尾，一步步激发消费者的购买欲望。

本书解决的第三个问题是：怎样引导消费者下单购买。本书的第八章和第九章回答了这个问题，要让消费者下单，首先要让文案引爆热度，形成人人转发、人人参与的氛围，然后再运用技巧提升转化率，达到文案变现的目标。

以上三个问题是文案写作的核心问题，只要弄清这三个问题，读者就能够掌握卖货文案的写作方法，成为一名出类拔萃的文案人。本书中除了有理论知识和方法以外，还穿插了大量的案例，让读者能够轻松地阅读和学习。

笔者相信，无论是刚刚上路的文案小白，还是已经摸爬滚打多年的文案老手，都能从本书中得到意想不到的收获。

最后，以一句广告文案与大家共勉："人生没有白走的路，每一步都算数。"希望这本书能帮大家走好文案生涯中的关键一步。

马斐

2019 年 10 月

目 录

第7章

写正文：说中痛点，收获用户购买欲

第8章

巧结尾：踢好临门一脚，引导用户下单

第9章

造氛围：让文案疯传，让产品狂卖

第10章
神变现：让用户情不自禁下单，让销量翻倍

第1章

好文案，就是"印钞机"

作为展示文字的无穷魅力的最佳形式之一，文案的力量是巨大的。一个好的广告文案，能轻而易举地将人们带入某种设定的情景，并成功激起人们的情绪和购买欲望。遗憾的是，如今尽管写文案的人很多，但能写出深入人心、刺激消费的好文案的人却并不多。这种现状，值得每一个文案创作者深思。

1.1　小心，这些文案都是伪文案

有人说，如果广告在生活中消失，我们所在的世界就会缺少很多色彩。这话不假，就连月球上都有了成功登月国家的国旗，地球上的人口这么密集，怎么可能没有广告？

在高速公路上开车时，道路两侧一个又一个巨大的广告牌接连出现，上面印有企业 Logo；走进商场，到处都可以看到 LED 屏幕，上面轮番播放着多种产品的广告；在电脑或手机上浏览网页时，随时随地都有可能看到广告文案……

在这个现代化的社会中，不管是对电视广告还是网络广告来说，文案都变得越来越重要。原因何在？正是因为如今的消费者见闻更广、受教育程度更高，对广告的态度更倾向于怀疑和不信任。

移动互联网时代，信息呈爆炸式出现，消费者可以更方便、快捷地获取商品信息，过去的"货比三家"模式已经不适合如今的消费者了。现在消费者可以通过网络详细地了解所有商品或品牌的信息，所以商家的"价格战"也已经很难奏效了。抛却商品本身以及价格因素，还有什么因素能够影响消费者的购买欲望和购买行为呢？那就是卖货文案！

美国著名网络营销专家尼克·欧斯本在其著作《网络文案》中提出这样一个观点："点击进入你最喜欢的网站，除去亮丽的设计与科技，剩下的只有文字。这是在网络上做出区隔的最后手段，也是最好的方式。"文案的目的是促进销售，首先要确定这一点，我们才不至于深陷于文字技巧和语感的漩涡中无法自拔，才有可能成为一个顶尖文案人。

◆ 认清伪文案的真面目

在朋友圈的自媒体上，曾经流传着这样一些文章：《月薪30000的文案，竟然出自小学生！》《对不起，小学生的文案都比你强！》，文章中列举了几个小朋友创作的诗和随感，与卖货文案颇有异曲同工之妙，初看文字隐隐有超过普通文案的嫌疑。

比如下面几个案例：

【案例一：灯把黑夜烫了一个洞——七岁小学生的诗】

这个小朋友仅仅用了九个字就开了一个巨大的脑洞，必须承认如果这句话是一句文案，它同样足够精彩。但是这就是一首诗，它并不是真正的文案。

诗或者随感与真正的卖货文案并不一样，它们之间有着本质的区别。

首先，诗歌或者随感传达的是无目的的情感，或快乐或忧伤，而广告本身有明确的目的和用户视角；其次，在创作上，诗和随感就像自由的天空，而广告却像带着枷锁的舞者。

所以这些小朋友创作的诗和随感并不是广告文案。这些文章，没有搞清楚文案的概念，无端给文案人增添了焦虑。

【案例二：说一句很有内涵的诗句：一懒众衫小！——新媒体段子】

这是摘自自媒体文章《知乎点赞最高的50句文案，让你一眼就爱上！》里的一句话，原文作者认为这是一句文案，可是明眼人一看就知道，这是段子。如果把段子也称为文案，那么专业的文案创作者就没有存在的意义了。

必须承认，每一句段子都是文字的巧妙搭配，具有吸引读者的功能。但是段子就是段子，它不是文案。

事实上，文案创作绝非是单纯的会巧妙使用文字，文案的最终目的是要让你的文字产生卖货和营销效果。

◆ 什么是真正的文案

到底什么才是真正的文案呢？本人想用下面这个案例来说明：

有一家新开张的牛排店，生意惨淡、门可罗雀。为了让生意变得好一些，老板分别找两家公司做了广告文案。第一个广告文案如下：

✖我们店的牛排是最好的，使用的是进口原材料，并力邀国际营养大师用最适合人体营养需求的比例烹制，想不想来一个？

第二个广告文案如下：

☑轻轻地闭上你的眼睛，倾听牛排在烤架上的滋滋歌唱！跟随舌尖，一起来品尝新西兰的味道吧！

使用第一个文案以后，在保持牛排价格不变的情况下，店里的生意虽然有一些好转，但效果不太明显；使用第二个文案以后，来店里消费者的人迅速增加，店门口长队蜿蜒，牛排的价格也随之上涨。

为什么这两个文案的营销效果差距如此巨大？因为能够唤起消费者食欲的不是牛排的营养和材料来源，而是牛排在烤架上滋滋作响的声音。

表面上来看，文案是在销售产品，其实文案是在销售产品概念。所谓概念，是一种创意和定位，是展现产品与众不同的特质的营销策略。一言以蔽之，就是产品带来的改变。

【案例三：10秒钟洗好照片——拍立得相机】

拍立得相机的文案概念是：不用长时间等待照片的冲洗。

【案例四：想想还是小的好——大众甲壳虫汽车】

甲壳虫汽车的文案概念是：很多名车体型庞大、空间宽敞，但甲壳虫汽车却反其道而行之，走"小而精"的路线。

所以，对于什么是文案，其答案已经非常明显——好文案可以弱化销售的作用，让广告直接把货卖出去。

看一段文字是不是真文案，重点是看它有没有商业目的，能卖货的才是真文案，不能卖货的就是"伪文案"。

1.2 一个好文案，胜过100个销售高手

什么是优秀的文案？是让我们看到后印象深刻、见之不忘，还是在我们细细品味后，受益良多？不论给你什么样的感受，一份优秀的文案总会让我们有别样的收获，有属于它自己的特色魅力。也正是因为这些别样的"魅力"，能够吸引消费者的目光，转化成消费者的购买力，甚至是影响消费者的消费理念。

文案创作者们将自己的文案当作诗篇，认真琢磨、反复推敲，直到最终成篇。

一些朗朗上口的广告语、企业沿用至今的口号、年轻人之间流行的话题、发人深省的文章等，都是来源于文案。

很多人都还不理解文案到底有什么作用，其实简单来理解，文案存在的意义就是为了让那些原本散发"萤火之光"的产品通过文案的包装后，可以堪比"日月之辉"；或者是让那些成名已久的产品家喻户晓。

举个简单的例子来说明，就是通过优秀的文案，让成本几分钱的糖果卖到世界知名巧克力"费列罗"的价格。

文案的价值是什么？一个优秀的文案堪比十个汤姆·霍普金斯（最伟大的推销大师）。

【案例一："他在说谎！"——五十铃房车文案】

广告中滑稽艺人大卫·里特饰演一名叫"五十铃约瑟"的"吹牛皮大王"。

镜头一中里特说："五十铃房车被汽车杂志权威评为汽车大王。"

字幕打出一行醒目的字：他在说谎！

镜头二中里特说："五十铃房车最高时速可达 300 英里。"

字幕打出一行醒目的字：他在说谎！

镜头三中里特说："五十铃房车经销商非富即贵，因此把他们贱卖了，只需要美金 9 元整。"

字幕打出一行醒目的字：他在说谎！

镜头四中里特说："假如你明天来看看五十铃房车的话，你可以得到一栋房子作为赠品。"

字幕打出一行醒目的字：他在说谎！

镜头五中里特说："我绝不会说谎，绝不会吹牛皮。"

字幕打出一行醒目的字：他在说谎！

五十铃汽车的这则广告推出后轰动一时，获得消费者及权威的《广告时代》周刊的一致好评，为五十铃汽车在美国的销售带来了前所未有的效果，后来还被评为 20 世纪 80 年代美国经典广告创意之一。这则广告就是利用逆向思维方式，通过否定来增加广告趣味性的同时，让人记住了五十铃汽车的特点。

◆ 文案的两大价值

对于现在这个时代来说，自媒体的高度发展可以说形成了一个"全民皆可成为媒体人"的氛围。正因如此，如何吸引粉丝增加流量便成为一个非常重要的问题了。有过自媒体经营经验的人应该知道，粉丝、流量都可以通过购买来快速实现，但是，1000 个粉丝可能就需要花费你 1000 块钱。而如果你有一个优秀的文案，通过一篇文章就可以收获 1000 个粉丝，而你只需要付出一点时间和精力，这是不是更加划算呢？

在我们的工作生活中，文案主要有以下两个任务：

①具象化

具象化就是将一些抽象的事物或者概念变得更加具体些，让人有明确的概念。小米电子秤的广告文案就运用了具象化的手法。

【案例二：喝杯水都可感知的精准——小米电子秤】

我们平时测量体重时，尤其是女生关注自己的体重时，最看重的就是精准，而小米体重秤文案的最大优点就是精准，具体精准到什么程度呢？就连喝一杯水后的体重变化都能精准地测量出来。所以，小米电子秤的广告文案是："喝杯水都可感知的精准。"这是不是就将抽象的事物具体化了？就像当初很火的"A4腰"一样，如何定义腰很细？那么我们用A4纸来测量，这都是将抽象事物具体化。

②抽象化

抽象化就是将具体的事物抽象化，让消费者感受到产品想要传达的概念。这样的文案一般会给人"高大上"和"走心"的感觉，就像白酒品牌江小白的一个广告文案：

【案例三：人生没有早知道，只有当下酒、眼前人——江小白白酒】

这是江小白在2018年清明时节推出的文案，其中既提到了酒，又点出了"人生总会有缺憾，要珍惜当下"这一道理。只用这样简单的一句话，就把酒和人生联系到了一起，又用惆怅而不失豁达的情绪引起消费者的共鸣。江小白的这个文案的确达到了"走心"的效果。

在写文案的过程中，不论运用到了以上两种方式的哪一种，其目的都是为了通过文案将产品的特点凸显出来，在提高传播度的同时又不会抢了产品的"风头"。

◆ 好文案挣钱，坏文案花钱

一个好文案胜过100个销售高手，能够挣钱，而一个坏文案，不管是对于广告主还是商家来说，都是在花钱。所以，懂得如何判断文案的好坏，至关重要。

如何客观判断，有什么标准吗？

在创作文案的过程中，我们不能只考虑客观因素，还要将一些主观性的因素考虑进去，只有这样双管齐下，才能写出真正的好文案。那么，我们怎样判断文案写得好不好呢？本人认为好文案必须达到以下三个标准：

①有代入感

是否有代入感，是判断文案好坏的重要标准。任何营销文案都必须有代入感，否则很难让顾客产生画面感和共鸣。如果你读完一段文案后有一种身临其境的感觉时，那么这段文案就已经成功了三分之一。

下面，我们一起来看一个有代入感的文案：

【案例四：我要金号毛巾，天天都有新感觉——金号毛巾】

女：老公，拿毛巾。

男人递过去一块毛巾。

女：太硬啦。

男人又拿过去一块。

女：掉颜色，我要金号毛巾。

男：老婆，找到了。

女：就是好嘛。

旁白：天天都有新感觉，金号织业。

现在人的生活要求越来越高，也许原来随便一块毛巾就可以使用，但是现在却要考虑毛巾是否掉色，会不会很硬。而广告中将其他毛巾否定，突出"我要金号毛巾"，从侧面说明了这个产品的优越性。

金号毛巾的这一文案广告，不仅是我们日常生活中经常出现的画面，而且文案的最后一句话"天天都有新感觉"则可以触发消费行为。只要想买柔软不掉色的毛巾，那么就去选择金号毛巾，这是一个非常成功的文案。

不过，文案有了画面感就万事大吉了吗？当然不是。

②聚焦目标客户群体

文案要聚焦到目标群体，这是判断文案好坏的一条客观标准。

一个产品想要有人购买，就必须有对应的目标客户群体，文案要把目标客户全体当成诉说对象。如果没有这样的诉说对象，哪怕这个文案的辞藻再怎么华丽，也是没有效果的。

如果，当你阅读完一段文案后，很快就能明确产品对应的使用人群是谁，可以解决什么需求问题，那么文案的定位就是准确的。

从金号毛巾的举例中，我们可以看出产品的述说对象是追求高品质生活的人。产品的目标客户也很明显，就是那些喜欢追求生活品质的人。

当然，如果文案只能做到这点是远远不够的，我们还要注意文案的传播性。那么怎样才能提升文案的传播性呢？

③有明显的关键语

如果想要文案在市场中发挥其最大作用，那么文案中必须有关键语。

其实，一个文案的所有语言都是在为关键语服务，围绕着关键语展开。

金号毛巾的关键语就是"我要金号毛巾"，并在末尾还强调了"天天都有新感觉，金号织业"。急支糖浆的广告就更加厉害了，全篇只表达了一个意思"我要急支糖浆"。正是这些关键语的存在，让你可以回答咨询人的提问。

当你觉得自家毛巾不好用的时候，脑子里会跳出"金号毛巾"的广告；当你身体难受、咳嗽不止时，父母会让你去买"急支糖浆"，因为"我只要急支糖浆"。一群小朋友正追逐嬉闹，前面一个小朋友大喊一句"为什么追我？"时，后面总有小朋友笑着喊："我要急支糖浆！"由此可见，当一个广告文案深入人心时，我们在听到熟悉的广告词后，总会第一反应去接下一句。

而这样的关键语在不断重复后，更容易让人深刻记忆。

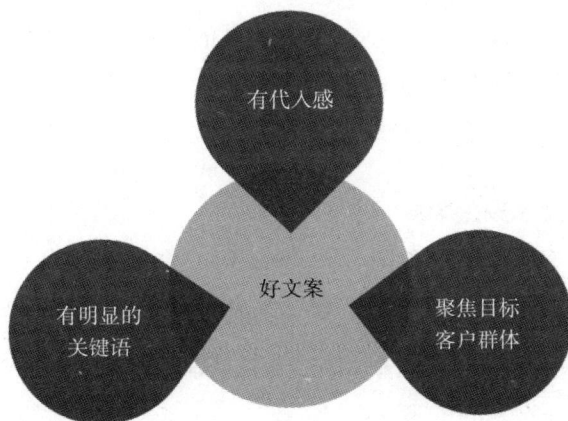

图1-1 好文案三大标准

9

按照以上三个标准写出的文案能让消费者对产品产生"一见倾心、非买不可"之感，就达到了我们所谓的好文案的标准，文案也会起到应有的卖货作用。

好的文案总是可以吸引人的目光，让人在看过之后觉得"这个东西太棒了，这正是我要的感觉""天啊，原来我想要的东西是这个样子的"……让消费者满足需求后，他们便会主动埋单了。

1.3 你为什么写不出80分的好文案

很多文案创作者把工具书都翻烂了，想大了脑袋，但还是不知道从哪里下手。销售力、洞察力、视觉化、场景化……这些概念明明都在脑海中，可真正要动手写文案的时候，却一点也派不上用场。

看了很多文案大师的著作，也听了很多文案高手的经验分享，总以为自己的水平提高了不少，但提起笔来还是没有任何想法。为什么会这样呢？为什么自己的头脑中没有迸发出一丁点儿灵感？难道是自己想象力不够丰富，或者是文笔不够好？

那些让我们仰望的文案大师们是不是真的有什么隐藏的秘籍？不是！他们只不过是掌握了文案写作的规律和逻辑而已。如果我们也能掌握文案写作的规律和逻辑，就再也不用害怕没有灵感了。

◆ 脑袋里没灵感只是表象

有人把灵感看成文案写作的"救命稻草"，没有灵感就什么都写不出来，接到工作任务后的第一件事就是上天入地找灵感。灵感，对于文案写作来说真的有那么重要吗？在回答这个问题之前，我们先来看看下面两位文案工作者的工作方法有什么不同。

文案小 A 和文案小 B 在同一家公司工作，有一天老板要求写一个广告文案，并打算将其投放在某个渠道上。收到老板的要求以后，小 A 开始工作了，他的工作流程是这样的：搜集与产品和行业相关的各种文案资料—开会展开头脑风暴—参考经典文案—想尽一切办法寻找灵感。

小 B 也开始工作，他的工作流程是这样的：与老板讨论文案需求—研究产品卖点—和消费者展开密切沟通—分析推广渠道。

除了工作方法不同，小 A 和小 B 在时间分配上也有很大的区别。小 A 花费了 70% 的时间用来寻找创意，20% 的时间用来组织文案语句，留给搞清文案逻辑的时间只有 10%，他希望通过学习广告文案精品案例，从身边事物上找到灵感，期冀有一天灵感可以直接撞到自己的头脑里。

小 B 则不同，他只花费了 10% 的时间用来寻找灵感创意，20% 的时间用来组织文案语句，却用 70% 的时间用来搞清文案逻辑，包括充分了解营销目的、深入理解产品、精准分析目标受众、把控品牌发展阶段、匹配渠道风格等。

你觉得哪个文案人员的工作效率更高？答案很明显，小 B 不仅工作效率高，而且还能写出 80 分的文案。

能否写出 80 分优质文案的关键不在于文字功底，也不在于灵感，这些都只是表面现象。文案创作的真正核心就像隐藏在海平面之下的冰川，需要我们去领悟和挖掘。

图1-2　海面下的冰山

我们总是将文案写作错误地理解为一份全靠灵感的工作，觉得它创意十足。其实不然，真正的文案最基本的要求是清晰了解写作目标。小 A 因为没有先搞清文案背后的逻辑，所以只能在文字上下表面功夫，盲目地寻找灵感。因此，不管他如何思考，再怎么抓耳挠腮也写不出 80 分的文案。

而小 B 先搞清文案逻辑，他对营销逻辑和营销目标有十分清晰的了解，深刻研究了产品和受众，其脑海中早已生成一个场景，让他可以从受众本身的特质进行分析，根据渠道的风格来调整文案的风格，从而抓住受众心理，这也就不难理解他为何可以写出 80 分的文案了。

从以上的例子就可以看出，文案小 B 从不把撰写文案的希望放在灵感上，他是通过逻辑获得成功的，而这也是文案人员需要训练的地方，即战略思想。

"怎样撰写文案标题？""文案的内容是利用数字还是形容词？"等问题都属于战术，假如过分注重这些细枝末节，就会无法看清全局。只有运用战略思维去指导战术才是一名文案人员撰写文案的最高境界。

我们必须对营销文案与文学作品进行明确的区分，在创作文学作品时要有强大的灵感来作为支撑，有时才会达到文思泉涌的状态；写营销文案必须用理性武装头脑，并在一定规则的约束下发挥。

我们平时所仰望的文案高手总是很高效地产出文案，并且极具创意，那是因为他们掌握了写作的逻辑，在逻辑规则下最大限度地发挥了自己的潜能。因此，不要再盲目地追求灵感了，这是解决没有灵感这一问题的最好办法。

◆ **文案的逻辑**

文案创作者可以通过理顺文案的写作逻辑，从各个维度获取关键性的素材，按照特定的步骤写出优秀的文案。

文案的逻辑链条如下图所示：

计划 ➡ 受众 ➡ 产品 ➡ 渠道 ➡ 文案

图1-3　文案的逻辑

①计划

文案写作要以产品的推广计划为指导，文案创作者要明确文案在整个产品推广计划中所发挥的作用，只有这样我们能明确文案的目标。我们在撰写产品营销的一整套文案时，必须分解推广计划中的每一个步骤，明确每一个步骤中文案的作用。这样做的目的是让文案写作更加精准和高效。

如果在用户转化阶段，文案的内容仍然是产品介绍、产品卖点的话，就与整个推广计划不相符了。脱离了推广计划的文案即使词句写得再华丽，卖点找得再准确，也没有任何作用。一旦文案写作的方向和目的出现了错误，不管我们如何努力也不会有效果。

②受众

文案人员在动笔之前要思考：该文案的目标受众都有谁？我们的产品可以帮助他们解决哪些问题？目标受众在看到文案时会有怎样的立场？只有想明白这些问题，我们写出的文案才能引发消费者的共鸣。"甜过初恋"是出自民间高手的神文案，博得了大家的喝彩，但大家都没有认真思考过这则文案的受众是谁。

例如，菜市场里本地产的橙子的卖货文案针对的目标受众是家庭主妇，这个群体对价格十分敏感，对恋爱却并不怎么敏感。她们看到"10元2斤"时会兴奋不已，但对于"甜过初恋"则不太关注。在她们看来，只有价格实惠才是最重要的，"甜过初恋"并不在其关心的范围之内。

而国外进口橙子的目标受众一定是对生活品质有较高要求的人，假如要把这种橙子的营销文案投放在商务写字楼，其目标受众就是二十几岁的白领女性，她们更关注橙子的品质，而对价格的敏感度并不是很高，所以价格优惠不是最优选择，可以突出橙子的国外原产地，并把橙子与恋爱关联起来，比如"澳洲清晨8点采摘，甜过初恋"，这样的文案更能引起白领女性的情感共鸣。

③产品

产品是文案重要的写作素材，但很多人并没有合理运用。写文案的目的是推广产品，而不是单纯的自卖自夸。所以，我们要对产品信息进行深度挖掘，找到能够满足目标受众需求的产品卖点——产品可以满足目标受众的哪些心理？产品可以为他们带来哪些具体利益？产品的哪个属性能够帮助他们解决问题？

下面是一款身体磨砂膏的卖点和与之对应的文案：

表1-1　产品卖点与对应文案举例

产品卖点	解决的问题	文案
深层清洁	清理沐浴露无法洗干净的死皮和深层的污垢	深入毛孔，"扫"出污垢，给身体来一次"大扫除"
天然	大多数产品化学成分过多	植物原液基底，更易吸收，与肌肤深度"融合"
柔软	很多磨砂膏颗粒粗糙	不痛不伤皮肤，温柔待你

④渠道

每个渠道上的用户都有不同的阅读习惯和喜好，所以我们在写文案时要充分考虑渠道的特点，让文案与渠道相匹配。广告的形式不是一成不变的，会随渠道变化而变化，广告文案的写作目的和写作方式也不相同。线上投放的广告只有一个目的，那就是促使受众采取与购买相关的行动，比如点击链接、在线咨询、打电话等。线下广告的渠道也非常多，广告目的也各不相同。

下面我们来了解一下主要的推广渠道。

百度推广：通过百度推广的文案，其阅读时间大概在1~5秒，其目的是吸引点击，写作要点是让文案标题和目标受众的搜索关键词相关。

微信朋友圈：微信朋友圈的文案，阅读时间大概在1~3秒，主要目的在于引导受众点击，在撰写文案时要保证文案风格与朋友圈的氛围一致，力求促成二次传播。

微博：微博文案的阅读时间大概也是1~3秒，同样是引导受众点击链接，在撰写文案时要简明扼要，让受众有点击和转发的利益点。

高速公路牌：高速公路牌上的文案阅读时间大概在 5 秒，主要目的在于增加曝光，在撰写这类文案时要求清晰、精练，用一句话展现产品或品牌的实力。

地铁广告：地铁广告文案的阅读时间长达 10~60 分钟，主要目的在于引导受众关注产品，在撰写文案时要充分描述产品卖点，营造浓郁的品牌氛围。

传单：传单文案的阅读时间为 0.5~1 秒，主要目的也是引导受众关注产品，在撰写该类文案时要切中目标受众的关注点，为其展现充足的利益点。

文案创作者可以根据以上四条逐一检查，看自己的文案是否符合这一逻辑链条。

很多人在写文案时会有很多备选项，不知道该如何抉择。比如，撰写耳机产品的文案，到底是选择"犹如置身音乐会现场"还是"30mm 驱动单元带来强劲低音"，抑或是"听林志玲姐姐在你耳边私语"？

其实，只要知道并熟练运用文案逻辑就不会再被这些问题困扰，因为你可以随时在写作过程中用文案逻辑链条来检查自己的文案，明确该突出哪些产品卖点，要使用什么写作风格等。

以后你再写不出文案时，还会跑到厕所、阳台或咖啡店寻找灵感吗？或许你会再次审视一下营销计划，进一步了解推广产品，对消费者展开更细致的访问和调查……

总之，文案绝不是依靠灵感来完成的，而是依靠理性的逻辑思维，通过仔细分析计划、受众、产品和渠道等方面来获取写作方向和素材。

1.4 顶尖文案必备的5种思维武器

"你的文案过于平淡无奇了""这篇文案没有亮点""看了就忘记了，给人印象不深刻""无法引起共鸣""说服力不强"……这些话虽然不太好听，但也让很多文案人开始反思自己，造成这种结果的原因是自己读书太少吗？是没有掌握写文案的技巧吗？还是自己不是做文案的那块料？

其实，造成这种结果的最主要根源在于你的思维方式，错误的思维方式会让你陷入细节的汪洋大海中，理不清头绪，找不到方向。而正确的思维方式能让你换一个角度来看问题，从而找到正确的工作方法。

本节将为大家解析文案大神经常运用的5种思维模式，只要掌握了这5种思维模式，你将成功进阶为一名顶尖文案人。

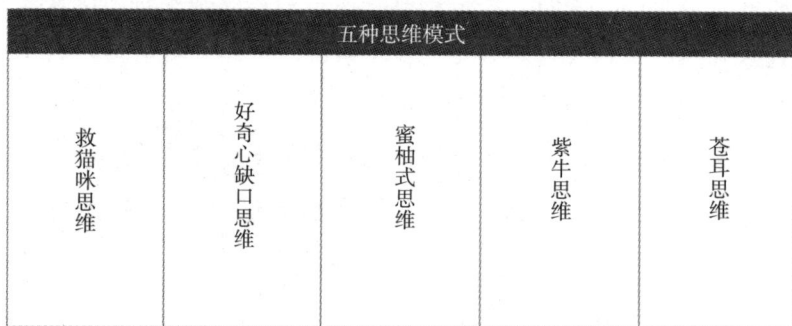

五种思维模式				
救猫咪思维	好奇心缺口思维	蜜柚式思维	紫牛思维	苍耳思维

图1-4 文案大神运用的五种思维模式

◆ **救猫咪思维**

"救猫咪"这个词来自好莱坞编剧，为了让主角更吸引观众，编剧会为他安排一些好心助人的场景，比如救助一只无家可归的猫咪，尽管这个场景很小，观众也会觉得主角形象丰满，有血有肉，而不是一个冷漠无情的人，也更容易对他产生好感。

顶尖文案大师也同样深谙受众心理，他们会用文案为受众制造一个"救猫咪"的场景，从而打动受众的内心，使他们产生预料之中的反应。下面我们来看一个经典案例。

【案例一："我坐在钢琴前时他们都嘲笑我，但当我开始弹奏时……"——约翰·卡普尔斯为音乐函授课程创作的文案】

1925年，广告大师约翰·卡普尔斯打算为一条广告写一则标题，这条广告是推销美国音乐学院的音乐函授课程的。他没有直接表明课程如何如何好，而是用一个21字的小故事形象地表达了出来："我坐在钢琴前时他们都嘲笑我，但当我开始弹奏时……"这句文案一经推出，就打动了不少曾经历轻视、强烈拥有成功欲望的人。因为，每个曾被别人看不起的人都有扬眉吐气的心愿，约翰·卡普尔斯不仅敏锐地捕捉到了这种心理需求，还巧妙地引导了它。

20世纪伟大的广告撰稿人尤金·施瓦茨曾说："广告文案的任务是启发并引导欲望。"几十年以后，约翰·卡普尔斯的这则广告模板仍然被文案创作者们模仿和使用，你也可以试着用这一模板来撰写文案，比如：

当我在淘宝定制书柜时妻子曾嘲笑我，但当我布置好书柜以后……

当我在写文案时亲戚都劝我改行，但当我在北京二环内全款买房后……

成功运用"救猫咪"思维的关键在于情感联系的巧妙运用，文案创作者要抓住消费者的情感，激发其兴趣，尊重其个性。

◆ 好奇心缺口思维

"现在盛行一种新毒药，它可能就在你家冰箱里！"

"罗斯柴尔德家族究竟多有钱？"

"你一定不知道，滴滴、美团、陌陌是如何积累种子用户的。"

如果你在网上看到了上面的这些标题，会不会产生点击的欲望？大多数人的答案一定是肯定的，因为人都有好奇心，而这些文案的相同之处就是制造悬念，激发人们的好奇心。

美国行为经济学家洛温施坦曾提出"知识缺口"的概念，他认为知识缺口会让人焦虑和痛苦。回想一下自己的经历，当你想知道一件事而不得时，是不是会有种百爪挠心的感觉呢？只有填满了知识的缺口，痛苦和焦虑才会消失。

正是因为有了知识缺口，我们才会产生好奇心。韩剧让我们感到好奇的是，最终女主角会与谁在一起？推理小说让我们感到好奇的是，凶手究竟是哪一位？文案大师也是运用好奇心缺口思维的能手，他们先唤起消费者的好奇心，再带领消费者解谜，让消费者在填满知识空缺的愉悦中接收品牌信息。

纽约BBH广告公司策划的联合利华广告就是运用好奇心缺口思维的代表性作品：一个潇洒的男人走在路上，引来路人的纷纷注意，路人都在猜测这个男人是谁，是一位电影明星？地下拳击手？超级特工？都不是！观众在广告片的最后才会看到答案——原来这个男人只是一个使用了AXE止汗露的饭店服务生。

◆ 蜜柚式思维

蜜柚式思维其实就是类比思维的一种，该思维模式重在使文案内容与用户熟悉的事物产生关联，让文案做触发器，起到唤起用户记忆的作用。此时文案的作用不是新增信息，而是让信息之间产生关联。

向人介绍蜜柚这种水果时，你或许会这么说：蜜柚属于柑橘类水果，是这一类型中个头最大的。蜜柚的外壳非常厚，但也很软，很轻松就能剥开。把蜜柚的果皮去掉以后，可以看到里边的浅黄色或珊瑚粉色果肉，果肉或许汁多味美，也有可能稍微缺少汁水，它的味道甜中带辣。

你还可以做出另一种解释：蜜柚就是外壳厚、质地软、体积大的葡萄柚。

后者就相当于在脑海中预设了一个熟悉的概念，即葡萄柚，当对方知道蜜柚和葡萄柚有相似之处时，其头脑中会出现葡萄柚的形象，然后再根据两者的差别来修改和完善头脑中葡萄柚的形象，最终形成蜜柚的形象。

我们再来比较一组文案：

✘ 每100克鱿鱼干含胆固醇871毫克。

☑ 吃一口鱿鱼等于吃20口肥肉。

两者相比，明显后者更让人有共鸣，给人深刻的印象，因为多数人并不知道"871 克胆固醇"是个什么概念，而"肥肉"很容易理解，毕竟这是一个人人都十分熟悉的事物。

咱们再来比较一下三星笔记本电脑的文案和小米笔记本电脑的文案。

✘ 超清薄机身——三星笔记本

☑ 像一本杂志一样轻薄——小米笔记本

很明显，小米笔记本 Air 的文案就运用了蜜柚式思维，通过消费者头脑中已有的概念，即杂志，使其明确感知到了笔记本的重量和厚度。

◆ 紫牛思维

所谓紫牛思维，是指提供更多亮点，使产品从同质化的竞争中脱颖而出的思维模式。养牛场的奶牛都是黑白相间的颜色，如果突然出现一头紫色的奶牛，人们一定会十分惊奇。

在《紫牛》一书的作者高汀看来，市场出现饱和以后，便很难出现可以燃起火花的营销创意了，因为消费者从营销人员这里获得了太多的选择，已经没有精力再去应对更多的选项了。面对毫无亮点的文案，消费者也会感到疲惫。假如你没有紫牛思维，那么你创作的广告文案就很容易被认为"太平淡，无法让人心动"。

如果文案创作者要让文案突破消费者的期望，就要学会打破常规、制造意外和巧合。比如，下面这个令人大吃一惊的广告文案：

【案例二：男人怀孕了怎么办？——某纤维饼干】

男人怀孕了怎么办？一眼看去，他们似乎和女性怀孕非常相似，都在很认真地记录'分娩'日期，乘坐公交车时会有老太太积极让座给他，也会像小孩子一样偷着吃冰激凌，有时会练习做瑜伽……然而，他最终没有走向产房，而是——洗手间。

以上这个案例是一款纤维饼干的广告，帮助肚内装满宿便的男人轻松、痛快地"分娩"。这则戏剧性的文案一下子就抓住了消费者的眼球，突破常规的表达让消费者印象十分深刻。

◆ 苍耳思维

苍耳是一种植物果实，它身上长满了刺，每根刺的顶端都有一个钩子。苍耳很容易钩在动物的皮毛或人的衣服上。合理运用苍耳思维，能使你的作品更让人印象深刻。

读者不妨做一个测试：

记住梵高的画作《向日葵》，记住母亲的家常菜，记住"高端"的概念，记住"至尊"的概念。

在以上四种事物中，哪一种是你印象最深刻的？毫无疑问，肯定是母亲的家常菜。因为当你记忆它时，你的头脑中会立刻显现出一幅在家吃饭时的温馨画面，菜肴的香味、母亲的声音以及打开的电视背景音……这个形象是立体的，绘声绘色，很丰满。

在记忆梵高的画作《向日葵》时，你的头脑中也能回忆起明亮的黄色。然而，"高端"和"至尊"会带来什么联想呢？很遗憾，几乎不能很快想到任何具体的事物。

美国的组织行为学专家希思在其著作《黏住》中有一句话："人的大脑中似乎有无数线圈，一句文案的钩子越多，就越能在记忆中生根发芽。"母亲的家常菜之所以印象深刻，是因为它在你的头脑中有数不清的钩子，而"高端""至尊"这样的词比较抽象，只在头脑中有一个钩子，甚至一个都没有。一篇优秀的文案要做到如苍耳一般，使文字充满钩子。

那么，如何才能让文案充满钩子？

①最好不用副词和形容词，多用名词和动词

形容词和没有什么用的副词虽然看上去装饰了文字，使文字变得华丽，但更多的是分散了用户的注意力。一篇优秀的文案只使用十分简单的话语就能让用户体会到其中蕴含的情感。

②文案中尽量少用抽象的名词和专业名词

不管是撰写文案还是阅读文案，抽象名词都只适合专家。抽象名词与专业名词之所以出现，是为了节约传播信息的时间，为了让有同等知识积累的人沟通更方便。所以，这种词汇与商业文案很不搭配（除了极少数的面向企业的文案以外），因为你所面对的对象是普通消费者，不是专家，多数情况下他们没有和你一样多的知识沉淀，特别是在推销一款新产品时，更要注意这一点。

美国畅销书作家理查德·保罗在《批判性思维》一书中提到："所有的人都在成长过程中养成了某些思维上的坏习惯，假如不能及时意识到并做出更正，就会形成思维定式，在并潜意识中生成错误观念，与现实相互混淆，而这只是一种自欺欺人罢了。"在撰写文案时也是这样，当你开始厌倦写作技巧和模式时，或许应该冷静地考虑一下到底是哪里出了问题，从而在源头上解决问题。

1.5　顶尖文案进阶：从入门到进阶

对于文案创作者来说，想要写出一个能让产品裂变、狂卖的顶尖文案，是一项独具挑战且又妙趣横生的工作。为了让文案吸引消费者，你需要做一个善于观察的人，紧跟时代潮流和热点，关注身边的人或事；为了让文案与产品契合，你需要做一个擅长思考的人，经常进行"头脑风暴"，把文案与产品、品牌巧妙地结合在一起……

作为文案创作者，要想写出顶尖的卖货文案，首先你自己必须修炼成为一个顶尖文案人。

◆ 文案人的自我提升和修炼

想要拥有好的文案功底，这不是一朝一夕的事情，不仅需要日常的积累，更是要有灵感的迸发。想要文案有一个好的创意，就需要你不断地去学习、去积累、去关注身边的点滴之事，也许某一件事，或者某人的一句话，就会让你的文案别具特色。

①丰富自己的人生阅历

我们常听这么一句话"艺术来源于生活"，其实，文案的创作也是如此，在创作文案过程中需要的素材，也是我们在日常生活中积累下来的。

也许，你没有美国著名推销大师乔·吉拉德那样的人生经历，在成为最成功的推销员之前，给人擦过鞋、卖过报纸、当过锅炉工、也做过建筑师、推销过汽车……但是，你要懂得在你所经历的生活中去积累，同时要对生活充满热情。

不论你现在过的是什么样的日子，都要认真去体会，也许在将来的某一天，你曾经做过的某件事就会给你巨大的灵感启发。要充分运用自己的时间，培养自己的兴趣爱好，哪怕是打游戏，也许也会给你一定的感悟。相信有一天，这些曾经的积累会对你有巨大的帮助。

不要将交友范围只限定在某一人群中，与不同阶层、不同年龄的人交流，会让你有不同的学习与感悟，同时会让你有更多的收获；关注生活中的时事热点问题，能让你掌握社会发展动态；你还要勇于进行各种尝试，尝试过后，哪怕失败也是一种经历、一份宝贵的经验……

总之，如果你能留意生活中的小事并且将其积累下来，那么你的素材就会越来越多。

②掌握专业知识

除了日常素材的积累，专业性的知识也是你必须掌握的，文案广告、推销推广、消费者心理、消费者行为、市场调研等诸多方面的知识，都是你应该认真学习并掌握的。

只有掌握了这些专业性知识，你才能真正了解文案的本质是什么。了解文案与其他领域的联系，也会让你懂得怎样才能更加高效地创作文案。

那么，你应该怎样获取这些知识呢？

最直观的方法就是阅读专业性书籍，你不仅要读文案创作类型的书籍，还要读心理学、产品、设计等方面的书籍。你在阅读的过程中，要善于做笔记，做笔记不仅有利于你对知识的记忆，还能让你充分理解书中所讲述的内容。

你还可以从网络上找到自己想要的文章干货、经典文案的案例、时事热点的报道等内容，这些内容都有助于你的文案创作。你还可以关注相关的微信公众号，找到自己喜欢的风格，查阅浏览里面的内容。

最后，你可以通过一些免费或者付费的课程来学习关于文案创作的知识。现在有很多关于文案方面的课程，你可以挑选适合的课程去学习。

如果你想要成为一个优秀的文案工作人员，你就要有丰富的生活阅历、广博的知识以及专业的文案技能。

③深入了解产品、服务以及消费者

在写文案之前，你必须深刻地了解自己将要写作的对象。

只有深刻透彻地掌握了你所要写的文案产品或者服务，你才能最大限度地凸显核心卖点，让文案更具有说服力，让消费者接受更有效的信息。

你可以自己查找资料，也可以与市面上同种类型的产品进行比较，然后总结出产品的特点，还可以去找产品的直接负责人，向他们了解产品生产的过程和技术上的特性。将产品都了解透彻后，你还要记住关键的一点，了解产品或服务的目标用户。怎么样了解消费者呢？你可以去做市场调研，搜集消费人群的信息，形成客户画像。当你充分理解了消费者的喜好、属性、购买力和需求之后，才能让自己的文案在符合产品特点的同时，更加吸引消费者的眼球。

在这个过程中，你可以将自己代入消费群体，把自己想象成消费者，然后根据你的喜好和对产品的关注点等来分析研究其他消费者的消费心理。

总而言之，如果你想让自己的文案与众不同，并与消费者产生共鸣，就要深入地了解产品和产品所面对的目标人群。

◆ **文案必备的工具推荐**

上文中我们提到过获取专业知识的方法，现在就具体推荐一些不错的书籍、网站、公众号给大家，都是跟文案创作有关的。

表1-2　文案必备书籍

文案必备书籍		
书名	关键词	推荐指数
文案与写作类书籍		
《文案训练手册》（约瑟夫·休格曼）	知识、实践、情感、心理诱因、文案要素	★★★★★
《文案创作完全手册》（罗伯特·布莱）	营销力、广告文案、标题、市场研究	★★★★★
《超文案》（朱冰）	创意、文案、微时代、案例精选	★★★★
《文案发烧》（路克·苏立文）	广告、创意、广告人	★★★★
《小丰现代汉语广告语法辞典》（丰信东）	汉语、语法、用词、用语	★★★★
广告与创意类书籍		
《一个广告人的自白》（大卫·奥格威）	经典、大师；公司、客户、广告、文案	★★★★★
《广告设计创意有道》（王欣东）	创意、艺术、案例丰富	★★★★★
《蔚蓝诡计》（乔治·路易斯）	大创意、定位、客户、名人、政治	★★★★
《超级符号就是超级创意》（华杉/华楠）	品牌、创意、超级符号、超级话语	★★★★
行为与心理类书籍		
《消费者行为学》（符国群）	消费者行为、购买、决策、心理、动机	★★★★★
《影响力》（罗伯特·B.西奥迪尼）	社会心理学、互惠、喜好、权威、稀缺	★★★★
《乌合之众》（古斯塔夫·勒庞）	大众心理学、群体、心理、意见、信念	★★★★

表1–3 文案必备网站

文案必备网站	
网站名字	网址
广告文案综合性网站	
数英网	http://www.digitaling.com/
梅花网	http://www.meihua.info/
广告门	http://www.adquan.com/
TOPYS	http://www.topys.cn/
中国广告网	http://www.cnad.com/
网络广告人社区	http://iwebad.com/
创意与设计类网站	
UI中国灵感库	http://idea.ui.cn/
设计癖	http://www.shejipi.com/
视觉ME设计社区	http://shijue.me/
Oritive创意设计	http://www.oritive.com/
Inspiration Grid	http://theinspirationgrid.com/
Dribbble	https://dribbble.com/
welovead	http://www.welovead.com/cn/
AdSoftheWorld	http://adsoftheworld.com/
Framelab Design Direction	http://www.frmlb.de/
Boredpanda	http://www.boredpanda.com/

有了这些工具以后，我们要怎样更好地利用它们，为文案所用呢？你可以把它们整合起来，建立自己的素材库。

◆ **建立自己的文案素材库**

很多人不理解为什么要组建自己的文案素材库，觉得这事没什么技术含量，更是在浪费时间。其实，这项工作是非常有意义的，不论你是刚入行的"菜鸟"，还是入职已久的"老司机"，组建素材库都是非常必要的一项工作。

有人可能会提问：当我需要素材的时候，去网上直接找不就可以了吗，为什么要浪费时间弄这个呢？网上的确有很多素材，但是，这些素材分布在各个地方，不够系统。而当你把这些素材归整存档后，就有了一个条理清晰的、系统的素材库。具体整理方法如下：

①将"标题"整理为一个文件

标题的整理，你可以按风格将其划分为"数字式""对比式""夸张式""内涵式"等；还可以按类型分为长文案标题、软文标题、电视广告标题等。

②将"文案"整理为一个文件

可以将一些文案案例按其类型划分，比如，可按领域分为：美妆类文案、电子产品类文案、餐饮类文案、饰品行业类文案、房地产行业类文案等；或者将经典文案分为经典长文案和经典短文案。

或者是按节庆来划分文案：元旦文案、春节文案、情人节文案、五一文案、端午文案等；当然，还可以根据文案的风格分为：神转折文案、对比式文案、数字式文案、自嘲式文案等。

③将"海报"整理为一个文件

分类方式可参照第二条中"文案"的分类方式。

除了要在素材库中整理标题、文案、海报这三种最基本的素材外，还需要整理一些其他方面的资料，例如：诗词、歌曲、网络流行语等，这些在以后工作中都可以对文案创作提供帮助。

除了这些直接可以在网络上找到的素材外，我们还需要自己花时间总结笔记。

在我们看有关文案方面的书籍资料时，里面不仅有典型案例，也会有一些总结出来的知识理论，把这些东西都记录下来，在我们有需要的时候，就可以轻松找到。而且，你在整理笔记的同时，还可以加深对这些内容的印象与理解。最后一步，我们将笔记整理归档后，与其他文件一起放入素材库，这样属于自己的系统资料库也就完成了。之后，如果遇到什么好的素材，直接添加就可以了。

当你在设计文案没有灵感时，去自己的素材库逛一逛，很容易找到灵感，然后根据素材完成自己的文案。

◆ **实践很重要，持续输出自己的文案**

我们经常可以看到有人在朋友圈晒图，文案获得巨大的成果，受到了老板的嘉奖。在你羡慕对方的成果时，却忘记了对方背后付出了多少精力，一次又一次否定过多少份文案，个中滋味，只有对方知道。

哪怕一个人在文案方面有再高的天赋，如果没有一次又一次的实践，没有平时的学习与积累，都不可能成长为一名优秀的文案工作者。除了学习与积累，想要自己出众，那就要勤于练习。

在练习文案写作的时候，要分清工作和练习的区别。

在工作上，对于文案写作的要求会非常高，目的性也更强，为了文案写作，你会和自己的客户或者公司中的合作人员进行沟通交流。当你接到文案创作的工作时，你要明白，这不仅是一次任务，更是一次锻炼自己的好机会。毕竟，这样的文案工作不是每天都有，所以要珍惜机会，努力积累经验。

而自己在练习文案写作时，便与工作大不相同，此时的你没有因工作所带来的压力，所以此时的你便可以找好自己的状态，天马行空尽情发挥。这样在锻炼自己文笔的同时，也容易有更多的灵感与创意。

对于刚入行的新手来说，先从模仿文案开始练习写作会更容易些，这也是最快速融入这份工作的方法。但是，模仿也要注意一些问题，不可盲目，必须有一定的计划和练习重点。可以在一段时间内一直模仿其中的一种类型，熟悉这样的写作套路后，总结出自己的写作方式，然后换下一种继续模仿。

如果你在创作文案时，没有好的思路，不知道该从何处入手，那么你可以借助时事热点来写品牌文案。尤其是一些节日，比如，春节、五一、端午、七夕等这样的节日，都可以成为我们创作的最佳素材。

我们还可以利用同一个品牌，写不同的文案，这样可以锻炼我们多方面挖掘品牌卖点的能力。写文案时最忌讳一直靠想，而不敢下笔去写，你越是如此，越是无从下手。只要有想法，就应该直接动笔去写。

其实，不论是文案的入门还是进阶，都没有严格的界限规定。在文案创作中，你能有多少方法和技巧，能取得怎样的进步，都是要看你是否愿意付出努力。

希望每个文案创作者都可以找到自己的写作方式，成为一名顶尖文案人！

1.6 文案避雷指南：3大难关和7个"避坑"技巧

从事文案创作的人，都会遇到三个阶段性困境：一是"不知道如何下笔"的迷惘期，二是"没感觉了"的怠倦期，三是"能力配不上野心"的瓶颈期。熬过了这三个阶段，才能抵达"写什么都挥洒自如"的境地。

图1-5 文案创作的三个阶段性困境

如果我们把文案创作看成打怪升级，而以上的三个困境就是必过的"关卡"，每一个"关卡"的雷区各不相同，文案创作者想要成功通关，创作出顶尖卖货文案，就需要掌握通关攻略。

下面，我们就一起来学习这份干货满满的通关攻略吧！

◆ 迷惘期攻略：疯狂摄取信息

每个文案创作者都会有"灵感忽来时，下笔如有风"的时刻，但也不可避免地会面临"灵感不来时，无计脑空空"的窘境。如果，你长期处于后一种状态，那么你大概就是进入文案创作的迷惘期了。

写不出文案时，我们可能会抓耳挠腮、烦躁不已，可能会怀疑自己、丧失自信，但却压根没想过我们究竟有没有在大脑里建立一个完备的信息循环系统。

图1-6　"输入—输出"信息循环系统

根据已知产品、市场和消费者的相关信息，进行整理和归纳，加工成客户满意、市场接纳和消费者接受的文案，这就是文案创作者日常工作的基本内容。我们不难发现，文案创作者在产品营销的环节里承担的是信息输出者的角色。输入再输出，循环往复，整个创作过程就是一个闭环。

图1-7　文案的创作过程

要想保证能源不断地输出，首先就得保证充足的信息摄入量。在这个信息化的时代，谁的信息更新快，掌握得多，谁就在对市场的分析定位上占有巨大优势。试想，一个脑中充斥着过时的、乏味的、与市场情况不符的信息的文案，能帮助产品营销吗？

在文案写作的初期，如饥似渴地疯狂摄取信息，能帮助我们有效地拓展视野，积累创作素材。至于要如何"疯狂"摄取信息，且看为大家奉上的制胜秘技：

①秘技一：建立一个高效的信息获取体系

"疯狂"并不意味着毫无章法地摄入信息，而是需要建立系统高效的信息获取体系，帮助我们以更少的时间和精力成本获得真正有价值的信息。

如今是信息发达的社会，我们的大脑每天都要接受各种各样的信息和概念。获取信息的渠道也多种多样，比如网络、书籍等。我们每天都在通过自己的视角在获取庞杂的信息，如果我们脑中没有一个高效的信息获取体系，就很容易在庞杂信息中迷失。

我们应该如何建立高效的信息获取系统呢？美国图书馆专家杜威发明的十进制图书分类法可以给我们一些启发。杜威将所有的图书分为10个大类，这是个大类分别是：计算机科学、资讯与总类，哲学与心理学，宗教，社会科学，语言，科学（自然科学），技术应用科学，艺术与休闲，文学，历史、地理与传记。每个大类下又分成了100个中类，100个中类下又细分为1000个小类。这样的分类方法给我们提供了一个建立信息获取系统的思路。在创作文案的过程中，我们会接触到各行各业的产品，也需要积累关于各种行业的信息和素材，在收集信息的过程中，我们可以借鉴十进制图书分类法把信息进行归类和整理，这样一来，我们就能在需要的时候快速找到素材了。

比如：当我们要为英语培训机构撰写文案时，我们可能需要补充一些语言方面的知识；当我们要为一款净水器撰写文案时，则需要学习与科学相关的知识。

②秘技二：储备小众、冷门的知识点

在这个信息化的时代，人们最不缺的就是陈旧、乏味的信息。想要让文案增加吸引力，在一众竞争对手中脱颖而出，不妨试试在其中加入一些小众但又趣味十足的知识点，比如：

【案例一：一颗优质的针叶樱桃，大小在2~3cm，外形完整饱满……——养生堂天然维生素C】

"养生堂天然维生素C"这篇文案用科普式的内容代替了传统的商业式

宣传，抓住了消费者对保健品知识的需求点，比较系统完整地向消费者科普了巴西针叶樱桃——这种虽然具有"维C之王"美誉但却不为人知的陌生水果，逐步树立了养生堂天然维生素C的"天然"形象。这种文案的优势在于能利用冷门知识满足消费者的猎奇感和获知新信息的成就感。

【案例二："牛拉碾子轧牛料"是中文里最难快速朗读的话；玛丽莲·梦露原先有11个脚趾头——揽胜地产】

说到地产文案，不得不提的就是揽胜地产。它和我们日常见到的地产文案很不一样，或者说简直像个异类，不仅文艺气息浓厚，而且犀利有趣，能够将消费者的猎奇心和好奇心同时激发。揽胜地产的文案通过两条新奇而鲜为人知的知识，连带着告诉用户另一个事实——"北京市区有一片森林和首都机场的面积差不多"以及"北京市区有一片森林比19个天安门广场还大"，突出了楼盘的最大卖点——绿化率超高。

图1-8 揽胜地产文案

◆ **怠倦期：提升文字的代谢率**

文案创作是极费脑力和时间的一项工作，当我们日复一日、年复一年地写着文案时，难免会丧失新鲜感和激情，产生迷茫和焦虑的情绪，心理状态的变化，自然也会影响到文案创作的水平。

就像一年四季有春夏秋冬，职业心态也有季节。刚开始春季的新鲜过后，夏季的火热也逐渐褪去，于是进入了萧瑟冷清的倦怠期。如果你现在正处于倦怠期，不必太担心，来看看即将登场的两个妙计：

①妙计一：创造文案创作的仪式感

处于怠倦期的文案创作者会对文字变得"无感"，这种无感会逐渐让人失去文案创作的动力，让文案水平停滞不前。因此，我们必须想办法振奋精神，让自己长期保持文案创作的动力。

事实上，很多著名作家也会有创作的怠倦期，他们尝试了各种各样的方法来创造写作的仪式感，给写作过程增添乐趣，从而让自己长期保持创作的灵感和激情。

比如，法国小说家巴尔扎克每天保持 13 个小时创作时间的秘诀是，他每天喝 5 杯浓烈的、不加奶和糖的土耳其咖啡。

美国作家海明威喜欢站着写作，这样可以尽量让自己的文字言简意赅，而且他总是在自己最有创作激情的时候停笔，这样可以让自己在第二天继续保持灵感。

《蒂凡尼早餐》的作者杜鲁门·卡波特更是不拘一格，他的烟灰缸最多只能有三个烟头，而且他从来不在周五开篇或者完稿，必须横躺着才能顺利写作。

文案创作者也可以借鉴这些作家的"仪式"来激发自己创作的激情。或许只是给自己手边准备一杯清香的绿茶、一个"写作必听灵感泉涌歌单"、找一家安静的咖啡馆的角落、一个放置在电脑边充满生机的绿植盆栽等，也许这些都能让创作文案变得更有趣，更能激发创作灵感。

②妙计二：跳出固有知识边界

文案创作者进入怠倦期，或许只是因为被已有的知识限制了思维，这时我们不妨跳出固有的知识边界，在其他领域找寻创作灵感。比如，我们可以去阅读一些关于文学、历史、哲学之类的书籍、观看自然科学类的纪录片和电影等，也许在不经意间就可以找到新的灵感。

例如英国广播公司（BBC）出品的纪录片《地球脉动》中介绍了一种叫作"巢鼠"的小生物：草类有着惊人的生长力，从冒新叶到开花只需几天时间。草成为微小的果树，对于居住在草丛中的生物而言，这片草地广袤和高耸如同雨林一般。爬草，可比爬树苦难多了，尤其因为草茎来回摆动。巢鼠的尾巴就像是第五肢，能抓住物体，令它犹如猴子爬树一般敏捷，同时，它能像看地图那样，读懂头顶草茎的纹理，从而找到回家的路。

这段解说文案充满了鲜活的画面和青草气息，即使我们没有看到画面，通过文字也可以想象出一只肥硕的巢鼠在草丛间灵活跳跃的情景。

除此之外，纪录片《人生一串》也用了很多充满人间烟火气息的文字来讲述中国的烧烤文化。例如：啃羊蹄儿的时候，你最好放弃矜持，变成一个被饥饿冲昏头脑的纯粹的人。皮的滋味，筋的弹性，烤的焦香，卤的回甜，会让你忘记整个世界。眼里只有一条连骨的大筋，旋转、跳跃，逼着你一口撕扯下来，狠狠咀嚼，再灌下整杯冰啤，"嗝，舒服"，剩下一条光溜溜的骨头，才能最终心静如水。

这些纪录片中的优秀文字也许能给我们新的灵感，让我们迸发出更多的激情。因此，文案创作者在面临"怠倦期"时，只有跳出固有的知识边界，才能拓展自己的思维，得到文案创作新的启发和灵感。

◆ 瓶颈期：警惕文字游戏的陷阱

当我们在文案策划这个职位上做久了，会不可避免地陷入"瓶颈期"，在这个时期，很多文案创作者会陷入"文字游戏"的迷障，在追求遣词造句技巧的道路上越走越远。

优秀的文案创作者必须恰到好处地把握文案的尺度，就像日本著名家居品牌MUJI的理念是"刚刚好"一样，适度和留白，才会让用户感到舒适，进而把注意力集中在产品和品牌上，而不是被天花乱坠的文字技巧迷惑。

比如，某啤酒广告的文案为：

✘记得当时血气方刚，年少轻狂，不问明日归处，只谈杯中酒香，兄弟在旁。

这篇文案具有一定的文采，作者也尝试以兄弟情打动消费者，但是过于注重遣词造句，语句繁杂，反而不适合作为啤酒的广告文案。而红星二锅头的文案就简单明了得多：

☑将所有一言难尽一饮而尽。

这则文案只用了简单一句话就道尽了兄弟情，而且用恰到好处的留白让消费者产生悠长的回味。

①剔除形容词、副词

想象自己是一名外科医生，拿起手术刀和镊子，像做手术一样将文案中啰唆多余的修饰词剔除。例如，京东推出了一组主题为"带电新人类"的产品宣传海报，文案中并没有多余的形容词和副词，而是以简短的文字将产品功能和人群洞察联系在一起，加上简洁的图片设计，言简意赅，让人印象深刻。

图1-9　京东电器文案

例如，"看看这个世界水有多深"的水下无人机的文案，在展现产品可以在水中拍摄的功能的同时，也迎合了目标消费者，即喜爱黑科技产品的"带电新人类"的探索世界的不羁精神。

无线挂耳式骨传导耳机的文案"听什么都要过脑子"，除了体现耳机"骨传导"的特点，也从侧面映射了"带电新人类"较真、有追求的人群特征。这样的文案没有多余的形容词和副词，就能将产品的信息完整地传递给消费者，显得简洁清爽。

②切勿盲目模仿歌词和段子

如今，写出一则好的文案越来越难，很多人独辟蹊径，借鉴一些经典歌词和网络上的段子写文案。不可否认，这三者确实具有一些联系，也有一些利用歌词和段子创作出来的文案取得了比较好的效果的例子，但是歌词、段子与文案在创作初衷和创作原理方面仍然存在很大区别。

况且，好的文案应该是建立在仔细研究产品、优化沟通策略以及多次斟酌文字的基础之上的。盲目模仿歌词和段子，不仅有拾人牙慧的嫌疑，还很有可能用力过猛，导致公众的抵触。

③好文案就是好翻译

从某个角度来说，文案的作用就是"翻译"，也就是把品牌主想要展示的信息翻译成用户易于接受的信息，来吸引他们购买产品。比如，如果你向消费者推荐一款粉扑专用清洁液，想要表达的信息是"粉扑每隔一段时间需要清洗"，那么用文案翻译后的内容就变成了"粉扑5天不洗，就比马桶圈还脏"。

或者你向用户推荐售价为19元的线上课程，想要表达的信息是"课程便宜，而且还能提升自己"，经过文案翻译后的内容很可能是"用一杯奶茶的价格买下这节课，让你的思想长肉，而不是腰上长肉"。

翻译的原则是"信、达、雅"，即准确、通顺、优雅，在文案的创作过程中，这些原则也同样适用。

挺过了这三大难关，文案人才能涅槃重生，让文案的创作变得相对轻松和容易起来，然后才能在文案创作的过程中做到有的放矢，保持创作的激情，在文案创作的道路上越走越远。

第2章

说什么：
选题找得好，流量全都跟你跑

选题是撰写文案的第一步，也是最关键的一步。正所谓"成功的文案三分靠内容，七分靠选题"，在如今这个信息爆炸的时代，选题决定了人们是否能在"拥挤"的内容中一眼看到文案并且被它吸引。

2.1 三分靠内容，七分靠选题

"真金不怕红炉火，酒香不怕巷子深"，只要内容或者产品质量好，即使"炉火淬炼""身处僻巷"，也能经得住市场的检验、得到人们的关注。这个道理在文案上同样适用，在任何时间内，优质的内容都是文案的基础。

但在目前的文案市场中有这样一个现象：现在越来越多的文案更注重选题，内容反而退居二线。为什么会出现这样的现象呢？这是在时代大环境下凸显出来的选题的重要性所决定的。

◆ 信息爆炸的时代特色决定选题的重要性

"互联网+"时代，人人都是媒体人，信息呈爆炸式增长。我们面对"扑面而来"的各种信息，越来越难以静下心来，或者挤出时间阅读长篇大论的内容，曾经可以整天沉浸在书里的慢时光一去不复返。

在这样的现实条件下，文案想要吸引人们的目光早已不像从前那样容易，优质的内容更为难得。文案创作者为了能够在文案界站稳脚跟，成功将产品卖出去，如果没有特别优质的内容加持，那么想一个比较吸引人的选题就成为非常不错的方法。

套用一句不太恰当，但是你一看就能懂的俗语："佛要金装，人要衣装"，选题决定人们是否可以在"拥挤"的内容中一眼看到你的文案并且被它吸引。

【案例一：男女吵架，为什么太太气得半死，先生却已经呼呼大睡——混沌大学】

混沌大学是抖音上的一个在线教育平台，仅用 1 个月就获得了粉丝从 0 到 100 万的成就。

混沌大学曾发布过一个视频："男女吵架，为什么太太气得半死，先生却已经呼呼大睡？"其实这个视频的主要内容是：科普男女大脑分泌的血清素（镇静剂）分泌的差异，男性大脑分泌血清素的速度比女性快 52%。你看到这个科学性、严谨性比较高的内容，可以想出什么样的标题？

以"科学分析男女大脑血清素分泌差异"为标题，虽然简单易懂，但是缺乏打动人心的特质；如果以"惊！男人大脑比女人大脑血清素分泌快 52%"，稍微增加一些引起人们好奇心的"悚动"性，也只能是吸引一些对这方面内容比较感兴趣，或者是比较好奇的消费者。但是混沌大学却巧妙地将其与"夫妻吵架"这个绝大多数人都将经历、正在经历或者已经经历过的事情联系在一起，让选题的定位更容易引发消费者的情绪共鸣，自然可以吸引更多的流量，让消费者来关注自己的平台，购买更多的课程。

通过上述案例，我们可以发现：选题是能否让更多人看到文案的决定性因素。成功的文案七分靠选题，剩下的三分靠内容，是文案的基础。内容与选题相符，才不至于让看到文案的人觉得你是个"标题党"，让观众原本对好选题积累的好感在看到言之无物的内容后消失殆尽。

这样将"三分内容，七分选题"完美结合在一起，才能形成一篇好的文案，在信息爆炸的时代也能吸引人们的目光，给更多的人关注、购买自己的产品带来无限可能。

◆ 选题对文案的价值和效用起决定作用

卖货文案的最终成果与价值要由文案的最后完成情况和客观效用来评定，即通过这篇文案能给产品带来的影响和效益来评定。选题对文案的价值和效用起决定作用。

一个好的选题，不仅是给文案定个题目、划定个范围那么简单。它是文案策划人对自身产品、品牌、定位、市场大环境等进行多方思索、互相比较、反复推敲再精心策划而来的，是文案的指导方针和灵魂。

在这个过程中，文案创作者的思维会与搜集资料时所呈现的客观事物或者对象，不断地产生碰撞，从而形成新的共鸣或者灵感，对文案有很好的升华作用。所以，一篇好的卖货文案七分靠选题所言非虚，在做文案策划时，我们要充分认识到选题的重要性。

【案例二：人生不过七万六千多顿饭——百度外卖品牌宣传片】

百度外卖是一家外卖平台。一般外卖总是与快餐、速食联系在一起，很难让人产生家的感觉，从而引发情感共鸣。而2018年百度外卖的品牌宣传片——《人生不过七万六千多顿饭》，却将人生的亲情、友情、爱情等诸多情感元素与七万六千多顿饭联系在一起，讲述不同人物与不同的饭局背后的情感故事，引发无数人的共鸣。在如今的时代，漂泊在外是常态，谁还没有吃过几顿外卖呢？很多人甚至天天都在吃外卖。

如果百度外卖仍然以"品质生活，安全送达"的品牌理念为选题做广告文案，单纯地宣传所谓的品质、安全等特点，不免枯燥或者过分理论化，消费者看过就忘了，更有甚者都不会去看。

可《人生不过七万六千多顿饭》的选题就不一样了，无论是平平凡凡的一日三餐，还是有特殊意义的纪念餐，一生可能只有七万六千多顿饭所带来的压力和紧迫感，是我们每个人都会或者都将经历的。

以这样的情感共鸣激发出来的选题策划文案，价值和效用都得以提升，自然可以吸引更多的关注和消费者，为外卖平台带来更多流量与效益。也难怪很多人看完后惊讶地表示：居然看广告看哭了。这无疑是对选题非常高的赞美。

由此可见，无论是外部环境还是选题本身的价值，都说明选题对整体文案的重要性，它就像航行的指路明灯，为文案策划指明方向，注入更多的生机。

2.2 两大方法，写起选题来又快又实用

很多文案创作者在做选题策划时，常常形容自己"愁得头都秃了"，形象地道出选题策划的不容易。经常熬夜查资料、找选题，时时刻刻都在寻找灵感是文案创作者常态。其实找选题说难也难，说容易也容易，以下两个是最快且实用的找选题的方法，可供各位文案创作者借鉴。

◆ 看透自己

所谓看透自己就是分析自己的产品、品牌、所发布的选题文案的效果、消费者的真正需求等。只有我们把自己看透了，才能知道选题的关键所在，真正投消费者所好。

因为互联网的发展，卖货文案可以通过图文、短视频多种方式呈现，这些方式往往都有数据可供参考，比如阅读量、点击量、分享量、点赞量、推送时间等。通过这些数据，文案创作者可分析消费者的特征、喜好以及选题的方向是否正确等问题。

除此之外，文案创作者还能通过这些数据的分析，了解哪种产品更好卖、什么样的选题文案能让更多的人关注到自己的产品、品牌等更深层次的内容，并以此为据调整选题，让选题更加贴合市场，为卖货做贡献。

文案创作者要如何利用这些数据呢？

①看点击

我们可以把自己发布的过往选题整理出来，筛选出阅读量或者点击率最高的选题进行分析，看哪些选题消费者最爱看。

②看分享

筛选出分享量最高的选题进行分析，看哪些选题方向消费者最爱分享。

③看收藏

筛选出收藏量最高的选题进行分析，看哪些选题方向消费者最爱收藏。

文案创作者依照此方法进行，对过去的选题进行系统的数据分析后，总结出之前受欢迎的各种选题方向，做成表格，然后根据各选题方向进行测试、优化、升级，往往可以更简单、快速、有效地找到更受消费者欢迎的新选题。

表2-1　对选题数据的系统分析

类型	选题方向			
点击效果最好的选题	选题方向A	选题方向B	选题方向C	选题方向D
分享效果最好的选题	选题方向A	选题方向B	选题方向C	选题方向D
收藏效果最好的选题	选题方向A	选题方向B	选题方向C	选题方向D
……				

◆ **分析别人**

分析别人就是去分析消费者、竞争产品及竞争产品所发布的选题文案的效果和选题方向等。在"知己"之后做到"知彼"，这样才能彻彻底底地了解消费者，并在做选题时做出有针对性的改变。

①挖掘真正的消费者需求

我们可以通过以上数据分析法得出消费者的喜好，同时也可以通过与消费者的沟通、查看消费者留言、发起消费者投票、使用问卷调查等方法来总结、整理一些容易被忽视的消费者喜好、小细节等，往往可以分析出消费者的真正需求。把消费者的真正需求，作为选题的核心方向，自然可以做出更吸引消费者、买货量更高的选题文案。

【案例一：七夕收到这个礼物，有多少女生会疯掉——李佳琦卖口红】

"口红一哥"李佳琦在为阿玛尼的七夕限定礼盒做宣传时，选用的文案是"七夕收到这个礼物，有多少女生会疯掉"。他从两个细节抓住了消费者的需求与痛点。

其一，男生不知道七夕送何种礼物，害怕自己送的礼物成为"直男礼物"。李佳琦直接在视频中告诉各位男同胞们，"你们的女朋友非常喜欢这个套装，请你现在立刻买给她"，这成为男生七夕送礼的指路明灯。

其二，女生希望男生送的礼物别出心裁，自己能收到与众不同的礼物。而李佳琦在视频中着重凸显了阿玛尼七夕套装在中国只发售1000套，再加上其套装中的挚爱香水以及20支口红，足以让女生心动不止。

消费者们纷纷在视频下评论："有什么办法能让我的男朋友看到这条视频？"这条文案可谓是引爆全场，实现了其带货目的。

七夕送礼是一个平常的生活场景，李佳琦却能从中发现消费者的需求，这是源于他对消费者心理精准的分析。其他文案创作者们也应如此，才可能做出直击人心的卖货文案选题。

②深入分析竞品的选题

竞品与自己的产品、品牌往往有相同的目标，是文案创作者进行卖货选题策划的重要参考信息。文案创作者可以把竞品做过的爆款选题整理出来，分门别类，分析它们成为爆款的原因，然后结合自身情况调整选题方向即可。

文案创作者需要注意的是：要对竞品的选题进行长期观察、分析、汇总、记录，偶尔的一次分析很难达到预想的效果。

总之，看透自己在前，分析别人在后，这两者一定要相结合并且按顺序进行。将两者相结合，是因为只分析自己或者只分析别人都容易忽视一部分数据。

比如，文案创作者只分析自己的选题阅读数据，可以发现消费者更喜欢的选题方向，但是这个方向是片面的，是根据之前发过的选题得出来的，对于没有发过的选题，消费者的想法是什么呢？这需要通过分析别人得出结论。

按顺序进行则是因为只有在看清自己的基础上去分析别人，才能知道要看别人的什么方面，怎么弥补自身的不足等，让今后的选题做到有的放矢。

为了让调整后的选题达到更好的效果，除了以上提到的两个步骤，文案创作者还要再多做一步，也是非常重要的一步，即：对调整后的选题进行验证。

营销界流传着这样一句名言：经过实战测试有效的广告就是好广告。好的文案选题不是臆想出来的，而是经过市场检验，真正被消费者接受、喜爱的。文案创作者这样一步步调整选题方向和文案内容，可以积累经验，让选题更加得人心，以达到更强的卖货力。

2.3　选题内容中的消费者体验越来越重要

在"互联网+"时代，文案创作者想要提升影响力或者创造效益，不尊重"得消费者者得天下"这一铁律写出来的文案是很难达到这样的目的的。消费者体验是"以人为本"的重要体现，在做选题时，只有重视人，即消费者、粉丝等潜在买货人群，才能得到他们的关注。

【案例一：你忙完了，孩子也长大了——创维】

创维作为一家以多媒体、家用电器、智能系统技术与大数据的应用、现代服务业等业务为主的智能家电与信息技术企业，它的宣传文案要如何写？

有许多文案创作者会撰写体现高科技、现代化的文案，这固然好，仅是这样还不够深入人心。创维在抖音上发布的"你忙完了，孩子也长大了"的公益广告吸引了众多消费者。毕竟这些高科技、现代化、比较"炫"的事物离人们的日常生活较远，而日常生活的场景是每个人都在经历的，当然也更容易获得关注。

图2-1 创维宣传文案

这个只有短短30秒的短视频向我们描述了四个孩子在不同地点、不同时间，分别举着写着"爸爸，为什么还不下班？同学笑我单词不会念""爸爸，你什么时候回家？这道题奶奶也不会做""爸爸，我好多字不 ren shi，你什么时 hou 下 ban""爸爸，我想换个爸爸"。这四个孩子举着的小黑板等待爸爸下班的情景直击人心。视频最后出现提示语："创维提醒您：你忙完了，孩子也长大了"，既点明"孩子需要陪伴""丧偶式育儿""生活节奏快""工作压力大"等社会关注的热点主题，又植入品牌，呼吁家长多花点时间陪孩子，使创维在消费者心中树立了一个具有社会责任意识的良好企业形象。

正因为这个文案选题选得好，使得该视频一举斩获2018年"V-UP竖屏广告创意大赛"最佳原生组金奖、最佳创意组金奖和全场大奖三大奖项。

通过创维的选题我们可以发现，好的选题必然是注重消费者体验的，它将产品信息、品牌价值传递等建立在"以人为本"上，与消费者产生情感共鸣。这样的选题既表达了产品精神，让产品更深入人心，又吸引了更多人的关注，一举数得。消费者在选购家电时，自然而然会想到创维，毕竟家电作为"家里的一分子"，也是对家人的一种陪伴。

那么，我们怎么才能关注选题内容中越来越重要的消费者体验呢？

◆ 遵循三个策划方向

①有用

我们创造产品的目的是让产品满足消费者的需求，简单来说就是有用，只有满足消费者需求的产品才有买卖的价值。正如上文描述的创维的例子，无论它怎么以人为本，传递情感，决定它是否能卖出的前提首先是有用。

②友好

在消费者体验中，让消费者感觉到你释放出的善意是非常重要的。居心叵测、傲慢无礼等负面情绪充斥的文案，无论视觉、文字、效果等做得再好，都难以抓住消费者的心。以百度联盟为例，在新成员加入百度联盟时，需要百度方审核，审核通过后会发送一个邮件：

原文案：

✖ 百度已经批准你加入百度联盟。

修改后：

☑ 祝贺你成为百度联盟的会员。

尽管只是一句话，但是通过前后对比，我们可以很明显地发现，修改后的"祝贺"明显比之前的"批准"要更得人心。这就是注重消费者体验，释放友好的一个细节。

③爱上

让消费者爱上你的产品，即文案创作者写选题内容时，要增强产品对消费者的吸引力。比如，华为智能手机以"国货振兴"的理念传递出了的民族自豪感，在提升手机的质量与性能的同时，注重国人的情感体验，自然可以迅速扩张销售版图。

◆ 找到清晰的消费者画像

所谓消费者画像，是指符合企业、平台、店铺、公众号甚至个人的消费者特性。换言之，就是在做选题时要找准粉丝的特性。这是注重消费者体验的基础。文案创作者只有抓住消费者的特性做选题，才有可能获得更多的流量、吸引更优质的粉丝、增加收益、获得更多的资源。

仍以百度外卖为例，其消费者画像主要集中于工作繁忙、压力大的白领人群。这类人群主要分布在一二线城市，普遍高学历、高收入。虽然这类人更加注重生活品质，但因为工作繁忙求而不得，只能订餐，并且可以接受互联网订餐的高消费。因此。他们是互联网外卖平台的高频消费者和高忠诚度消费者。

百度外卖《人生不过七万六千多顿饭》的宣传广告，没有聚焦新闻热点，没有额外标榜人生态度，仅用优美且情感充沛的文字串联起散伙饭、加班餐、酒局、街边摊、婚宴、一个人吃饭、团圆饭、一日三餐、生日宴、母乳……将食物本身的酸甜苦辣渗透进生活的五味杂陈里，弱化食物本身的味道，唤醒消费者"和谁吃""怎么吃"的回忆。

该宣传广告中描绘的场景事件与大多数白领的日常场景重叠，让他们深有感触。这就是注重消费者体验，消费者画像做得好从而给选题增光添彩的经典案例。

如果文案创作者无法通过自身业务来精准描绘消费者画像，可以通过以下方法来实现精准描绘：

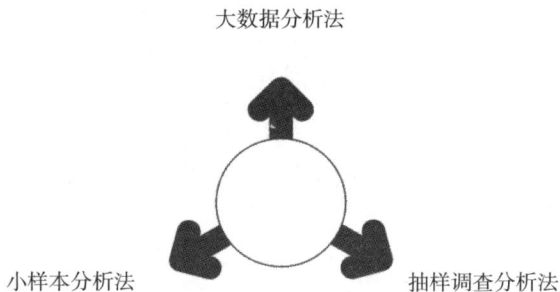

图2-2　文案创作者实现精准描绘的三种方法

①大数据分析法

在"互联网＋"时代，利用后台进行大数据分析的方法可以帮助文案创作者了解消费者的相关数据，比如，消费者属性分析、分享爱好、增长量、增长率等。其中消费者属性分析包括性别、语言、省份、城市等内容，通过对这些内容进行分析，我们可以进一步分析出消费者的消费水平、支付能力等，进而提高消费者画像的精准性。

②小样本分析法

小样本分析法与大数据的大范围分析不同，它着重强调语言环境，比如，文案创作者可以通过消息、留言、微信、微信群、QQ号、QQ群的小范围语言聊天等获取小样本，对小样本进行分析，可以准确收集某一个消费者的具体标签。

这些具体标签收集多了，便可以分门别类，进一步整理出某一类消费者的画像。

③抽样调查分析法

文案创作者看到抽样调查分析法时可能会觉得比较陌生。实际上，这是能够帮助文案创作者描绘消费者画像的重要方法。比如，在某一篇文章中设置投票、随机发送调查问卷、举办线上线下交流活动等，调查消费者对该产品的兴趣、需求和看法等。

以上方法文案创作者可以单独使用，也可以综合使用，通过多方面的信息整合，结合自身定位和需求，自然可以描绘出更准确的消费者画像。描绘出消费者画像之后，文案创作者要尽可能选择其中受众基数大的选题。受众基数越大，受关注的程度越高，成为爆款文案的可能性就越大。

比如，上文中提及的混沌大学的案例，如果选题从男女血清素差异切入，吸引的只是好奇心重的人，而从男女情感切入，几乎可以吸引所有的抖音消费者。

◆ 了解消费者欲望

在确定选题时，文案创作者需要了解消费者的欲望，因为欲望是消费者体验的直接构成部分，关系到消费者对该选题的感兴趣程度，也关系到消费者对该选题的满意程度。如果消费者的欲望得以满足，其体验自然会好。一般而言，消费者的欲望源自营销的三个点——痛点、痒点与爽点。

①痛点

痛点是选题当中必须有的基本要点，是产品、服务必须具备的功能或属性。文案创作者要站在消费者的角度，从消费者所关心的利益、情感等关联点出发寻找，那些未被满足的、急需解决的需求都是痛点。

比如，神州专车作为互联网约车平台，选题立意没有给消费者灌鸡汤，完全以消费者在用互联网约车时最关注的痛点——安全为切入点，只用一句话就让消费者记忆深刻、好感倍增——"没有速度与激情，除了安全，什么都不会发生"。

②痒点

痒点是可以提升选题关注度的期望需求。文案创作者在选题中展现的产品、服务越多，消费者对选题、对产品及服务就会越满意。

痒点是消费者内心渴望的，不是消费者急需的。

比如，房地产在做文案选题时会经常设置痒点——"早买房一天，少奋斗十年""宁买大城市一张床，不买小城市一套房"等。尽管消费者知道买房需要一定的资金，在资金充足时，买了房可以少奋斗十年；在资金不充足时，不买也没关系，只是看看并以此鼓励自己也是好的。

③爽点

爽点是选题当中有超过消费者预期的点，即：除了产品、服务之外，还可以提供给消费者的额外服务。

比如，炎炎夏日，消费者只需要三五块钱就能喝一瓶冰镇饮料，其中冰镇就是为消费者提供的爽点。爽点不是消费者所必须的，有则锦上添花，无则也无伤大雅。

综上所述，在以上三点当中，痛点是选题中一定要体现的，痒点、爽点则可以作为锦上添花的存在，如果没有痛点，只有痒点、爽点，选题会失去原本的精神内核。因此，文案创作者在确定选题、抓消费者欲望时一定要注意对这三点的拿捏。

通过以上方法，文案创作者便可以通过选题给消费者带来更好的体验。什么是更好的体验呢？更好的体验是告诉消费者：什么都不用你做、有些事情我们帮你做了、我们把你当作主流在尊重、当你找我们时我们会有回应等等。总而言之，就是让消费者觉得你把他们放在了心上。

当然，消费者体验很差的选题也不可能没有流量，如果配上一个好标题，也可能会获取较多的流量。但是这并不是长久发展之计，只是冒着消费者把自己加入"黑名单"的风险来换取一时流量。这对产品、对品牌可能会造成负面影响。

因此，文案创作者在做选题时一定要尊重消费者的体验，只有这样才有可能积累口碑、沉淀粉丝，让越来越多的人关注、购买自己的产品。

2.4　想卖货，尽量做内容新鲜有创意的选题

我们常常用"第一个吃螃蟹"的人形容第一个敢于做某件事情的人，以此来称赞他的勇气。文案创作者在做文案时，尽管不需要像"第一个吃螃蟹"的人具有超凡的勇气，但是想要卖货，选题内容或者角度就必须新鲜、有创意，想要突破重重同质化内容的重围一点儿也不比做"第一个吃螃蟹"的人容易。

让选题内容新鲜有创意说起来容易，做起来其实很难，因为新鲜、有创意这种概念很抽象，很多时候只能意会，不能言传。

凡是真正想要卖货、打造品牌的人，在做选题内容时都在找不同的角度、侧重点，这样得出的选题即使没有那么新鲜、无法让人眼前一亮，即使没有那么有创意、让人产生"我怎么没想到"的感觉，也能达到一定效果。

那么，内容新鲜、有创意的选题要怎么做呢？

◆ 分析创作思路和创意点

尽管想要选题内容新鲜、有创意是一件只可意会不可言传的事情，但是仔细分析却可以发现，它也是有脉络可循的。比如，现在的很多大 IP——

papi 酱、一条、办公室小野等，他们之所以会成为 IP，就是因为内容新颖有创意。虽然这种创意很难模仿，他们的创作思路和创意点却是我们可以分析、学习的。

①提供谈资

社交始于聊天，而聊天的起点是寻找谈资。如果你的选题可以为消费者提供谈资，让他们可以尽情聊天，那么选题一定会有很高的点击、点赞、分享等。这样一来，选题中提到的产品也可以得到更多被谈起、注意到、销售出去的机会。

案例一：老板让我订饭总忘给钱，我不好意思直接要，只能骂你了——七喜

七喜是抖音上新晋的网红，以职场生活为主要创作内容。但她的职场生活好像与我们普通人的不一样。当甲方要求该方案时，她可以让甲方说不出话，当老板要求加班时，几句话便怼的老板哑口无言……

在职场中，老板与员工的关系一直是热议话题，其中包括薪资、团建记忆各种小问题都可以成为人们的谈资。

老板忘记给饭钱，许多人可能会因为各种原因不去讨要，但心里又还念念不忘。与普通人不同的是，七喜直接问老板要，好好说话要不回，七喜便暴躁地与老板据理抗争，说自己为了给老板订饭都吃不起饭了，每天只能吃麦片，最后让老板哑口无言。在本视频中推出了怼老板专用麦片，为麦片销售带来流量。

这样与大家的实际行为相反的创意，让人记忆深刻，使七喜在短短的几个月之间，便拥有了 275.5 万粉丝。

如果你的产品也是速食类产品，你也可以借助七喜的创意，举一反三地来策划选题，为自己的产品吸引流量，引导消费者下单。

②替消费者表达

很多文案创作者在找选题写文案时，往往把自己放在主导位置，认为卖货的是自己，需要站在自己的视角去表达自己的产品，这样"王婆卖瓜自卖

自夸"的方法虽然不错，但是有时也需要换个角度，替消费者表达出他们的心中所想，往往能收到意想不到的效果。

【案例二：我们的妈妈在语言上有过人的天赋——papi酱】

papi酱是很多人都非常熟悉的短视频创作者，她的短视频之所以被人们喜爱，除了创意新颖，制作风格独特之外，更重要就是替消费者表达心中所想。这也是为什么我们在看到papi酱的视频时常常发出"说得太对了""我也是这样想的"感慨的原因。

虽然papi酱的创意难以模仿，但她替消费者发声的创作思路却是我们可以学习的。

在为"鱼跃医疗"的产品做宣传时，papi酱没有直白地介绍鱼跃品牌的产品功能有多么强大，而是从妈妈的"语言天赋"为出发点，其中描述的每一个点都是天下所有的妈妈可能会说的话与做出的行动。比如，孩子生病时，妈妈总会唠叨许多，但自己生病时却毫不在乎，这似乎是天下所有妈妈共同的特征。

通过生病这一事件，papi酱将话题引入关爱父母、关心父母的身体健康上，然后推出了鱼跃医疗的产品。这样通过共鸣感强的话题既吸引了消费者的关注，又顺利推销了产品，可谓一举两得。

几乎所有人都渴望能够通过表达自己的想法来影响他人，但是这不是所有人都能做到的事情。如果文案创作者策划选题时可以像papi酱这样，代替人们表达出心中所想并且做到影响他人，就会让人们心甘情愿地点击、转发、分享选题文案。

③提供帮助

给别人提供帮助是司空见惯的事情，为什么在做卖货选题时我们要把它放在"新鲜有创意"的内容里讲呢？因为从选题的角度来说，提供帮助如果能与卖货更好地结合，本身就是一个非常不错的创意。

比如，在做手机销售文案时，我们除了要做消费者已经看到腻的介绍产品的文案，还可以做能给人们提供帮助的文案——"如何玩转这款手机""原来这款手机可以这么拍照""手机里隐藏的小功能你发现了吗"等。

还可以整理消费者对手机的评价，寻找到消费者的痛点，以此痛点作为选题方向，解决消费者的问题等，这都是提供帮助所能带来的新创意。

◆ 对创意进行检测

对创意进行检测的时间成本和试错成本比较高，但是长期坚持下来，文案创作者对选题的新鲜有创意等方面的把握会比较敏感。

在初期，我们在做精品选题文案的同时，还可以推出大量与产品相关的各个方向的选题，通过一段时间的推送之后，我们可以积累较多数据和消费者反馈，对这些数据和消费者反馈进行检测，是检测创意的一种有效方法。不过所推送的各个方向的选题量要大，质量也不能太差，否则被消费者当成垃圾类信息处理，就得不偿失了。

2.5 写点干货，提供真正的技能指导

"干货"是一个电子商务术语，指电子商务从业工作者发布的实用性比较强、不含虚假成分的选题文案。

能够提供技术指导的干货类选题是文案策划中非常重要的一个方向，因为任何一个行业、任何一类人群都需要相应的技能、方法和实用建议。虽然讲情怀、感情等能引发共鸣的文案更容易出爆款，但是务实的干货类文案也有很大的市场和很强的卖货力，不能放弃。

◆ 干货类选题的特点

①真正有用

干货类的选题，其所呈现的方向和内容一定要是真正有用的。也就是

说，干货属于方法论范畴，给消费者提供简单、实用的方法是根本，而不要浪费笔墨在传递世界观、人生观、价值观或者情感升华上。而且，这种真正实用的特点一定要让消费者一眼就能看到。

原选题：

✖ 为什么别人镜头里的你特别丑？

修改后：

☑ 别人镜头里的你特别丑？用XX手机简单5招告别丑照。

这样两个选题一对比，后者明显给人的感觉更实用，这就是干货类选题的特点，对于追求实用的人来说后者更吸引人。

②有新的角度

我们在做选题时，找新的选题角度是很困难的一件事情，但是干货类选题相对来说找新的角度会比较容易。

干货类选题不需要文案创作者完全原创，即便是别人提出过的角度，只要你能在这个角度上找到新的选题方向或者提炼出新的知识点，让消费者看完之后有"get了新技能"的感受，并且愿意选择收藏或者分享，那么这个选题就成功了。

原选题：

✖ 公众号如何插入多张动图？3个方法告诉你！

修改后：

☑ 公众号如何插入多张动图？我说的是动图全部自动播放！

相较于原选题"3个方法告诉你"来说，修改后的选题直接点明"我说的是动图全部自动播放"这种新方法，给人的感觉更新颖，干货感自然更强。

◆ **四步让你的选题干货感满满**

以上两大特点是好的干货类选题必须具备的，在这两个特点的基础上，我们可以通过以下4步写出干货感满满的选题。

图2-3 让选题干货满满的四个步骤

①标题

一个充满干货感的选题，其标题就要表现出"我是干货"。充满干货感的标题有简单的套路可循：消费者的苦恼＋解决方法。

原标题：

✖ 如何写出干货满满的爆款文案？

修改后：

☑ 写不出干货满满的爆款文案？8条血泪经验超级实用。

相较于原标题而言，修改后的标题因为消费者的苦恼、解决方法更明确，给人的感觉更直接，所以干货感也就更强。因此在写干货类选题时，标题里尽量加上"8条经验""6条规律""3分钟""5个问题""80%的困难"等用数字清晰体现利益点的关键词，效果更好。

②结构

充满干货感的选题，其结构一定要简洁明了，让消费者读起来更加容易，轻松对应到关键点。比如，正副标题整整齐齐，关键词或者句子用变色、加粗表示等。总体以选题结构更清晰、看起来更舒服、降低阅览跳出率为主。

③图表

适当使用图表。图表是最好的数据佐证方式，可以增强现实感，让选题看起来更加可信，无形中给消费者带来干货感。

④总结

干货类选题的文末一定要有总结，总结可以是对整个选题的概括，也可以是提出自己的看法。总而言之，总结的目的在于让读者更加明白这个选题的内容，这是对干货感选题的进一步提升。

其实，写出干货满满的选题相对于其他类选题而言更容易，因为它有明确的套路供参考，只要遵循以上步骤，自然能写好干货类选题。

比如，你要写一篇啤酒卖货文案，可以写"世界著名品牌啤酒，你喝过多少种"通篇结构、内容清晰，以嘉士伯、喜力、贝克、百威、虎牌、青岛、雪花、燕京等啤酒品牌作为标题，简单介绍啤酒的产地、特点、口感、品种以及一些自己的观感，对于自己要推荐的啤酒多着些笔墨、多写些好话，让它显得尤为突出。

2.6　情感心态类，能帮助慰藉心灵

现代社会发展迅速，很多人都像活在"高压锅"里，压力巨大。在这样的情况下，人们的情感、情绪和心态必然会受到影响。负面情绪积累得越来越多之后，人们需要通过外部方法来慰藉、缓解、消化这些情绪。这也是为什么现在很多选题都侧重情感心态类，从而帮助人们寻找心灵慰藉的原因。

【案例一：唯有美食与爱不可辜负——下厨房】

"下厨房"是一家美食菜谱网站，其在 2015 年写的文案《唯有美食与爱不可辜负》一直到现在都是经典文案。比如：

每一句就是一个故事。南来或北往，愿为一人下厨房。

离开充满童年记忆的家乡，只身一人来到上海求学，7 年的沪上时光，完成了学业，收获了爱情，如今和她心爱的人一起来到了北京工作。她说，她并不讨厌漂泊，因为可以吃到各地的特色食物，更何况还有爱人相伴。

仅仅开头一小段，便已经让人窥到隐藏在人间烟火里的美食故事。这些故事在晨钟暮鼓里、在每一张餐桌上时时上演，浸透着浓浓的情感。这样的文案，将美味的食物、细腻的情感、清丽的文字结合起来，自然可以俘获人心。这就是情感心态类选题的魅力所在。

◆ 情感类选题要走心

文案创作者们要想自己的文案成为爆款文案，首先要有一个"走心"的选题，情感类选题尤其如此。什么是走心的选题？就是消费者在看到后，心里会出现反应的选题。无论是心动、心跳、心醉、心痒、心满意足还是心酸、心痛、心烦、心虚、心惊肉跳，只要让消费者能够注意到它的存在，就是成功的可能性非常大的选题。

【案例二：dirt is good（污渍很好）——奥妙】

"dirt is good"是著名家化品牌奥妙从2012年坚持到今天的一个主要传播点。之所以有这样的文案出现，一方面是基于世界上对"脏对宝宝有好处"的研究，另一方面是因为孩子的卫生清洁问题给家长带来的焦虑感。奥妙将这两点联系起来，找来18吨沙子，请来沙雕冠军塑景，并邀请父母带着孩子来玩耍，旨在消除家长对"脏"的担忧。那些因为"太脏了"而被扼杀的童趣，以及孩子在不断地摸爬滚打中所形成的考古学家、物理学家、航天专家等梦想，也都得到释放。

在文案中，奥妙还提出"勇敢不是在电视机前可以学会的""泥巴比地毯教会你更多"等经典语句。由此文案可以得出，走心是情感类选题的核心。

除此之外，走心需要注意两点，如下图所示：

一定要基于真实的情感，比如产品、品牌的真实情感、故事等

最好有论据支持，比如世界各地对脏的益处的研究成果等

图2-4 创作走心的文案需要注意的两点

◆ 找到产品与消费者的情感共鸣点

马斯洛需求理论表明：人的需求分为功能性需求和精神需求。在精神需

求中，归属感和爱是人类必不可少的需求，也是精神需求中相对更易达到的。所以在做情感类选题时，文案创作者需要学会用爱情、友情、亲情、信任、安全、思念、怀旧、感恩等正面的情感与产品或品牌相结合，讲述细腻感人的情感故事。

百雀羚，就是用情感类选题打造出了非常好的口碑。

【案例三：我的任务就是与时间作对——百雀羚《一九三一》】

百雀羚发布的《一九三一》，用一镜到底的长图构景，通过极具民族特色的风格，谍战片一样的构思，为大家呈现了一个美艳冷血杀手的故事，毫无广告痕迹。在故事最后观众才会发现那句反转——"我的任务就是与时间作对"，将百雀羚母亲节礼盒抗衰老的卖点明确表达出来，短时间内就收获10万以上的阅读量，并且让我国所有爱美女性记住了这个民族护肤品品牌愿意陪着自己与时间作对的决心。

通过以上案例，文案创作者可以发现，情感类选题没有那么多的套路可循，主要是尝试从理性到感性层面，找到产品或品牌与消费者的共鸣点，主攻消费者内心的一种选题。

文案中创作者只有掌握消费者的心理，并以此为切入点找到情感联结，才能掌握销售主动权。

2.7 新闻热点类，能缓解资讯焦虑

在这样一个信息爆炸的时代，各种信息层出不穷，几乎使所有人都患上了"资讯焦虑症"。这个焦虑点就是文案创作者们在写选题时可以利用的痛点。

新闻热点类选题，是在做文案策划时必不可少的一个方向和一种形式。

人人都看新闻，且每个行业、每类人群都有各自的新闻。因此文案创作者们可以通过这类选题帮助大家解决资讯焦虑，这也是相当有市场前景的。

文案创作者们在对新闻热点类选题策划时有两种方法：第一种方法是把自己的产品或品牌文案写成新闻稿，为产品或品牌做营销，引领消费，指导购买。另一种方法是借助新闻热点，丰富自己的选题角度、内容，让自己的选题站在"巨人的肩膀"上，得到更多潜在消费者的关注，提升卖货率。接下来，我们来具体分析"新闻热点类选题要怎么做"的问题。

◆ 遵守新闻热点类选题的策划原则

在"互联网+"时代，自媒体崛起，虽然新闻发布不像从前那样困难，但是为了保护产品或者品牌的形象和口碑，一定要注意以下原则。

①真实严谨

同样是选题，通过新闻类发布出来，就一定要注意严谨性，因为新闻是面向大众传播的一种事实。新闻类的选题在发布之前一定要切合自己的产品或品牌的真实性，并且经过市场调查，不要信口开河，编造假新闻。

②简练精准

选题语言要简练精准，太过口语化的内容或者标新立异的语言不太适合出现在新闻类选题中，要给受众一种行文专业、有说服力的感觉。

◆ 写好新闻类选题的技巧

在基于以上两点原则的基础上，我们在写新闻类选题时还可以运用以下小技巧，巧妙运用这些技巧也可以吸引流量，提高文案卖货率。

适当植入"噱头"　　　筛选素材　　　选择发布渠道

图2-5　写好新闻类选题的技巧

①适当植入噱头

选题文案中所说的"噱头"，是指选题文案的看点和卖点。在写新闻类选题时可以适当植入噱头。但噱头不要过猛，把基于事实的相关热点植入即可。例如：

原选题：

✖互联网安全领袖峰会（CSS2018）人工智能安全分论坛在北京成功举办。

修改后：

☑（CSS2018）人工智能安全分论坛：赋能AI，共筑智慧城市新未来！

AI，即人工智能，是自带热点的行业话题。尽管前后两个选题都有人工智能出现，但是将其作为噱头单提出来，可以给新闻类选题提亮增色，吸引更多的人关注，所以修改后的选题相较于原选题而言更加有噱头。

②筛选素材

在找选题写卖货文案时，可以从两个方面筛选新闻素材：一方面是从自身产品或品牌出发，从筛选后的产品或品牌文化、鲜活的创始人形象、产品背后的故事及其服务等容易制造新闻点的地方入手。

另一方面是从已有的新闻热点入手，找与自己的产品或品牌可以结合的地方，从而在热点中，植入自己产品或品牌，形成新选题文案，这样更容易增加关注度和受众人群。

③选择发布渠道

选题文案策划完成后，可以发布在短视频平台、公众号、自媒体号上，也可以发布在新浪、腾讯、网易、搜狐等官方新闻网站上。前者的优点是更容易被消费者发现、传播，后者的优点是权重和权威比较高，容易被搜索引擎收录且排名更靠前，更容易让受众接受或相信。

除此之外，发布在网站上还可以增加产品或品牌外链，提高其曝光度。在策划选题文案时大家可以将这些方法有机结合起来，效果更好。

在做产品或品牌的选题文案时，多角度切入可以让产品或品牌更加人格化。除了前文所讲的干货类、情感类选题外，偶尔写一点新闻热点追踪类的选题，也能让产品或品牌更深入人心。

2.8 热点选题怎么追

热点选题是新闻热点类选题的延伸，所谓热点选题，俗称"贴热点"，即借助热点信息做自己的选题。

热点的曝光量大，搜索的人多，如果文案创作者们能够"贴"对热点，就可以大幅增加自己的选题被搜索到的概率。因此，好的热点选题与张三丰创造的太极拳一样，讲究借势，以柔克刚，起到"四两拨千斤"的效果。

但是，投资有风险，"贴热点"同样要谨慎。很多热点不是我们想贴就能贴的，有的热点贴了之后会适得其反，有些甚至会给自己带来违规的风险。

那么，许多文案创作者问：应该如何追热点选题呢？以下方法可供文案创作者们借鉴、参考。

◆ 追热点做选题时有些红线不能踩

如果热点对于卖货文案的选题有很大的帮助，自然是需要去追，但是应该追得恰当，有些"红线"千万不要触碰。

①敏感内容

"明知山有虎，偏向虎山行"，也许在别的地方这是一句赞美的话，但是用在追热点上绝对是挖坑给自己跳。在做选题时，很多热点都是追不得的。比如政治、军事、时事类内容，一直都是敏感话题，所有平台对于这类内容的管制都比较严格。因此，文案创作者们在做选题时应尽量避开这类选题。尽管这类内容热度很高，但热度越高敏感度也越高，不适用于卖货文案。

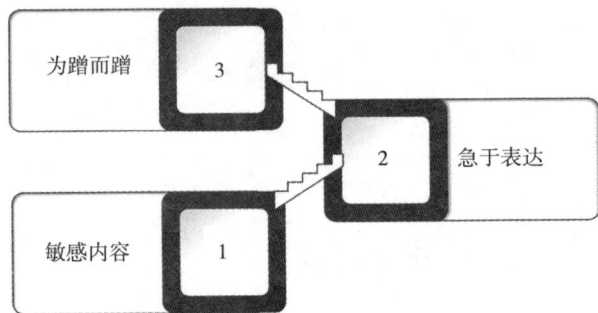

图2-6　追热点做选题时不能踩的红线

文案创作者们在做选题时，与其哗众取宠，不如像神州专车的文案一样："没有速度与激情，除了安全，什么都不会发生。"既与热点相连，又让人感觉舒适。

当然，涉黄、涉暴、涉黑、低俗等内容，作为最基本的敏感内容就更不用说了，是所有文案创作者都不能去触碰的选题红线。

②急于表达

出现一个热点时，文案创作者们可能会为了能够贴上热点而急于表达，急于下结论，这样很容易导致文案与事实不符或者犯一些低级错误，所以我们在蹭热点时既要抓住时机，又要做一定的考量，尊重事实，以免被后续发展或者官方声明狠狠"打脸"。

③为蹭而蹭

因为热点的关注度高，许多文案创作者在做选题时，会尽量让自己的产品、品牌与热点相结合。

但是这种自嗨式的、为蹭而蹭的追热点的方法无法与自身产品或者品牌宣传有机结合在一起，让消费者只看到了热点本身，没有注意到热点背后的产品、品牌，对于宣传、卖货没有任何帮助。只是在蹭热点上浪费时间，还不如节省力气去开发更好的选题。

◆ **做选题时可以通过工具找热点素材**

过去，文案创作者可以通过与消费者聊天、沟通、查看他们的留言等方式来获取信息、寻找热点素材。在"互联网+"、大数据时代，过去的方式虽然可以继续使用，但是热点趋势查询工具和文章素材参考网站的出现，可以为文案创作者们获取热点素材提供更加便捷的帮助。介绍一些目前比较常用的工具或方法：

①多样工具

在热点趋势查询工具中，比较常用、好用的是百度搜索风云榜、新榜趋势、百度指数、微（博）指数、微信指数。除此之外，搜狗指数、百度统计、新浪微博热搜、站长工具、艾瑞网、清博指数等也可供参考使用。

②素材网站

在热门素材网站中，比较常用、好用的是搜狗微信搜索、新媒体管家、西瓜公众号助手、微小宝、爱微帮。除此之外，今日头条、一点资讯、新榜热门、新浪新闻中心、微果酱、抽屉网等也可参考使用。

③分析竞品

分析竞品选题文案一向是选题文案得以提升的关键。我们可以分析同领域的优质号、爆款大号、朋友圈热门等，了解他们写了何种内容、哪一类选题更受消费者的欢迎，再结合自身做选题，效果往往事半功倍。

无论是传统方法，还是以上推荐的各种工具、网站，都各有各的长处与不足之处，关键还是要在使用过程中判断是否适合自己。

文案创作者们可以根据自己的具体情况来选择使用，可以是选择一种适合自己产品、品牌的方式，也可以是几种方法的综合使用，只要效果好，就不用拘泥于形式。只要能让热度与产品、品牌自然融合，遵循给消费者带去更好的体验的总体原则即可。

第3章

对谁说：
找准目标人群，超越90%竞争对手

归根到底，写文案的目的是促进销售。想要更好地实现这一目的，就需要我们在撰写文案的时候找准目标人群，并结合目标人群的不同特点和与产品、品牌的不同关系去选择不同的切入点，让文案真正走进消费者的心坎，直击消费者的痛点，刺激消费者购买。

3.1 你以为的目标人群，可能不是你以为的

众所周知，我们写文案最主要的目的是吸引消费者，也就是找到目标人群。只有找到真正的目标人群，文案才有更高的"命中率"，否则我们写的文案就只是流于表面的、无法吸引消费者的普通文案，甚至是浪费时间的"废"文案。

【案例一：真丝女士衬衫应该卖给谁？】

网上有一家卖真丝女士衬衫的小店铺，商品不错，但是生意并不好，常常一个月也卖不出几件。店家问我：到底是什么原因导致商品卖不出去？我根据店家提供的信息，检索店铺的设计、商品、销量、评论等发现，这款商品明明可以成为爆款，之所以卖不出去，是因为他们的目标人群不够精准。

真丝女士衬衫应该卖给谁？我问店家时，店家给我的答案是：当然是卖给所有人。真丝女士衬衫女人要穿，男人也可以买来送给女人。从这样的答案来看，真丝女士衬衫的目标人群似乎是所有人。但是仔细想想，真的如此吗？

如果真丝女士衬衫的目标人群是所有人，那么综合尺码、价格、样式等信息来看，所有人还合适吗？比如，你的真丝女士衬衫尺码最大为 XL 号，那么 140 斤以上的女士还是你的目标人群吗？

要知道，商品不是人民币，无法让每个人都喜欢，如果把所有人都当作目标人群来写文案，人群画像便会很模糊。模糊的人群画像呈现不出真正的目标人群，自然也就不能把商品卖到需要的人手中。况且，如果一件商品的目标人群是所有人，也从侧面说明商品比较简单、毫无特色，并不能成为店

铺里盈利商品，更遑论爆款了。

因此，我们在写文案时，一定要找到商品真正的目标人群，这样才能让文案直击痛点，也就是目标人群的购买点，不仅要把商品卖出去，还要把商品更多地卖出去。那么，真正的目标人群是什么样的呢？我们可以通过以下六个方面来描述目标人群。

◆ 明确人群基本属性

人群基本属性主要包括人群标签与人群喜好两部分内容，明确人群基本属性，可以让我们找到与目标人群的沟通方法，对于写文案时应用的风格、语言等非常有帮助。

①明确人群标签

人群标签即目标人群的基本特征，包括性别、年龄、地域、受教育水平、职业、收入、婚姻状况等，通过对这些特征的分析，我们可以得出人群的消费水平、对商品价格的敏感度等信息，进而帮助确定与自身产品相契合的目标人群标签。

②明确人群喜好

人群喜好即目标人群的兴趣爱好、购物喜好、价值观等，比如，他们平时喜欢做什么、喜欢通过哪个网站或者 APP 购买商品、平时崇尚或者拒绝什么等，这些喜好决定了我们的文案怎么写才能引发目标人群的共鸣，投放在哪里更容易被目标人群看到。

◆ 厘清产品与目标人群之间的关系

通过明确人群待满足需求、人群与本品类的关系、人群与本品牌的关系和人群对以往文案的看法，可以帮助我们厘清产品与目标人群之间的关系，这可以进一步帮我们找到文案的写作和投放脉络，从而让文案得到消费者的青睐。

①明确人群的待满足需求

待满足需求即目标人群的需求，我们可以把我们的产品与目标人群的需求结合起来，也就是说，我们的产品可以解决目标人群哪些需求，并明确在文案当中，这样形成的文案更能刺激消费者的购买欲。

②明确人群与本品类的关系

人群与本品类的关系简言之就是目标人群的购买力。如果一个人从来没有购买过本品类的产品，可能我们要费很大的力气才能让他们成为我们的潜在消费人群，所以我们的文案不如一切从简，做成干货类文案，重在告知这类人群我们的产品是什么样的，有什么功能，可以满足他们什么需求，让他们对产品有大概的了解与印象。如此，他们需要此类产品时，自然可以想起我们的产品。

如果是经常购买本品类产品的人群，我们的文案就要体现出与众不同的卖点与风格，让我们的产品可以在同类产品中脱颖而出。

③明确人群与本产品或品牌的关系

明确人群与本产品或品牌的关系可以帮助我们了解已经积累下来的目标人群，对这一类人群的购买频率、忠诚度、评价等进行分析，可以让我们明确接下来的文案是着重宣传产品，还是已经具有一定的口碑可以宣传品牌了，如果他们对我们的产品或者品牌都已经非常熟悉了，则要考虑其他文案，让已有的目标人群对我们的产品或者品牌更加信任。

④明确人群对以往文案的看法

文案不是写完了、发布了就一了百了了，如果想要文案一次比一次优秀，就需要收集人群对以往文案的看法，比如，他们有没有看过我们的文案、看过之后的印象是什么样的、有没有达到我们想要的效果等，将这些看法汇总起来，我们可以分析得出我们的文案是否需要改进、往哪个方向改进等。

由此可以看出，目标人群是商家对自己的产品或品牌充分认识之后得出来的，也是经过多种分析之后得出来的，不是我们想当然想出来的，所以"你以为的目标人群，可能不是你以为的"并不是一句危言耸听的话，需要引起每一位文案创作者的重视。

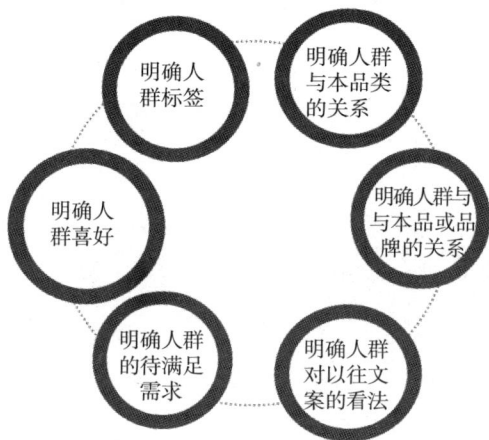

图3-1　明确目标人群的六个方面

3.2　写文案，也要做目标用户画像

前文中我们已经说过一点关于目标用户画像的内容，这一节之所以着重提出来，是想要结合文案，让大家更深一步了解目标用户画像，并且通过目标用户画像为卖货文案服务。一般来说，我们可以通过以下三点精准了解目标用户画像。

◆ **什么是目标用户画像**

很多人容易把目标用户画像与目标用户标签混淆，其实目标用户画像比目标用户标签包括的内容更多、范围更广。简单来说，目标用户画像就是根据目标用户在互联网上留下的种种数据，主动或被动收集、加工成一系列标签，形成的一种目标用户商业分析。

通常意义上认为的目标用户画像是：

女性、居住地北京、80后、白领、收入较高、喜欢晚睡、常游泳与做瑜伽、未婚有男友、喜欢看电影、有车、常去西餐厅、关注时尚、常用手机支付、经常住中高档酒店……

但这不是真正有效的目标用户画像，而是标签，目标用户是男是女、哪里人、收入多少、是否恋爱可能会影响目标用户的消费能力，但是这个影响可大可小，如果以此作为目标用户画像，没有那么精准。

真正精准有效的目标用户画像是标签背后的逻辑，即目标用户是男是女、如何影响消费决策，哪里人、对产品的销售有什么影响，收入多少、对其消费能力有多大影响，是否恋爱、会不会带来新的营销场景等。只有通过分析这些逻辑，得出真正的目标用户画像，才能明确文案要怎么写到目标用户的心里，引发"剁手"欲望。

◆ 如何建立目标用户画像

在了解了什么是真正的目标用户画像之后，我们需要知道如何建立目标用户画像，这才是正确使用目标用户画像为卖货文案服务的重中之重。

【案例一：把沙拉当成主食吃】

随着人们对饮食健康的重视，越来越多的食品商家开始销售主打绿色、健康的沙拉，"让我们把沙拉当成主食吃"成为引领健康潮流的一句话。本人对线上线下都做得比较好的沙拉店进行分析后得出，他们都是对目标用户画像做得很好的一些店铺。

比如，他们会通过在写字楼里发传单、在微信公众号上推文案等方式大范围吸引顾客，然后用新目标用户礼包、打折等方法吸引目标用户购买。根据关注程度和购买次数，他们把目标用户分为潜在目标用户、新客户、老客户、VIP等。对于每种类型的目标用户，他们都有不同的促进消费的方法。比如，对于潜在目标用户，吸引他们扫码关注，定期推送精美文案等，吸引他们选购；对于新客户，通过打折、红包减免等方法鼓励他们再次消费；对于老客户，定期推出优惠活动，增加其黏度；对于VIP客户，增加赠品、优先配送等权益等。

通过以上方法固定基础目标用户之后，进一步确定目标用户信息，比如：

昵称：即目标用户在本店的 ID。

姓名：目标用户所用的名字。

性别：通过名字、选购产品等信息判断目标用户的性别。

职业：分析哪些职业更青睐沙拉食品。

常用地址：根据常用地址判断基本类型，比如：居住区、商业楼、学校等。

消费标签：主要指一个时间段内的消费金额、消费次数、口味偏好、价格敏感、优惠敏感等。

行为标签：30 天内购买次数、评价次数、退换货次数等。

特殊影响：季节、放假等特殊情况对于沙拉销量的影响。

……

将以上信息汇总起来形成表格，积累一段时间便能架构起目标用户画像了。不过由于产品形形色色，沙拉的案例不一定适用于所有产品，所以通过以上案例我们可以分析得出，通常通过以下三步，大多数店铺都能建立起简单、实用的目标用户画像。

①找到目标用户

找到目标用户的方式多种多样，比如，我们可以通过大数据分析法、抽样分析法等找到目标用户，但是在使用这些方法之前，我们需要明确我们想要找到哪种目标用户。

如果想要打开产品知名度，那么需要大范围的基础目标用户，我们可以写普及产品常识的文案，其中可以附带店铺或者微信公众号的二维码，让大家扫码关注，这样收获的目标用户会比较多。

如果产品已经有一定知名度和目标用户，想要进一步提升销量，那么可以有针对性地写文案，尽可能吸引这一方面的人群，并让大家回复关键字得到二维码才能扫码关注，筛选出更精准的目标用户。

总而言之，文案彰显出来的门槛越高，我们得到的目标用户就越少，但是这些目标用户都非常精准，可以发展成对产品或品牌黏度很高的忠实客户。

②收集信息

通过第一步找到的目标用户，我们可以进一步收集他们的信息，建立起适合我们产品的目标用户画像，进而吸引更多的同类人。比如，我们可以分析他们喜欢的文案风格，多写出此类的文案，让他们通过文案对产品或者品牌产生认同感和信任感。这样一来，我们就解决了两大问题：一是我们的产品可以吸引什么样的目标用户，二是我们写什么样的文案可以吸引到更多的目标用户。

③整理分析

整理分析是一个不断试错的过程，把收集到的信息与文案相结合，不断尝试，得出更精准的目标用户画像以及能够吸引更多目标用户文案风格。比如，我们可以一次发两篇完全不同风格的文案，进行对比，看看哪种更受欢迎，即有更多的阅读、点赞、分享、评价等，能够吸引到更多的目标用户和被现有的目标用户所喜爱，这样一来就不难得出以后的文案方向了。

此后，我们可以把目标用户喜欢的点固定下来，在文案当中体现出来，然后再尝试标题、配图等其他风格的转变是否能够引起阅读、点赞、分享、评价等的变化，以此来一步步构建目标用户画像和目标用户所喜爱的文案。

图3-2　建立目标用户画像的三个步骤

一般来说，公司越大，产品越多，目标用户画像越复杂，大家可以根据自己的产品或者品牌特色来具体架构目标用户画像。

◆ 如何应用目标用户画像

描绘出目标用户画像是商品销售的基础，让目标用户画像指导文案，从而使商品卖得更多，帮助商品形成口碑甚至品牌，才是目标用户画像与文案的内在联系。

简单来说，目标用户画像应用于文案就是你要写什么给目标用户看。对于文案的风格、类型，每一个目标用户都有自己的喜好，但是因为文案的风格、类型是有限的，所以喜好同一种风格文案的人可以归纳成拥有相同喜好的人群，这些具有相同喜好的人群从文案中找到契合产品或品牌的某个点并最终购买，这就是文案的成功之处。以后常写此类文案，就可以增加阅读、点赞、收藏、分享等，从而吸引更多相同属性的目标用户来关注产品或者品牌。

【案例二：女生助手——遇见更美的你——美柚APP】

图3-3　美柚APP文案

美柚 APP 是由厦门美柚信息科技有限公司开发的一款记录女性经期的APP，它为女性构建了一个管理健康、解决问题、寻找闺密、娱乐交流、减肥瘦身、美容丰胸、"剁手"购物的平台，提供了一种新的生活方式。就像它的宣传语所说的一样，"女生助手——遇见更美的你"，目前美柚 APP 已经拥有超过 2 亿的女性目标用户，日活跃目标用户近千万，在总目标用户数、活跃目标用户数、日均使用时间上都超过其他产品。

而这一切，与美柚的精准目标用户画像是分不开的。比如，它开创了关注女性经期的先河，吸引女性朋友关注、注册，并将经期关注开发成"智能预测"，即记录、提醒、预测经期时间。美柚 APP 还在此基础上开发了"她她圈"，让目标用户被细分到各个不同的社区，比如，韩剧粉、恐怖片达人、萌图收集癖等 160 个火爆圈子。

在精确了每一个产品特色的目标用户画像之后，美柚 APP 会有选择性地推出文案，美柚四大产品的文案分别是：

智能预测月经期，遇见更美的你——智能预测

她她圈随心交流，热门话题聊到上瘾——她她圈

美柚专享购不停，特卖专场淘不尽——柚子街

280 天，天天不一样——怀孕模式

每一种产品还会定期推出各种不同的特色文案，满足不同女性朋友的需求。正是因为目标用户画像与文案的精准、深度结合，美柚才会做得如此成功，吸引了大批追求精致生活、有共同爱好的女性朋友。

目标用户画像与文案是相互成就的关系，两者之间密不可分，所以写目标用户爱看的文案，并借此吸引更多的目标用户，是我们写文案与做目标用户画像的目的。而且，通过目标用户画像，我们的文案将不再是空中楼阁，我们可以找到文案的风格、文案的语言、文案的方向、文案的切入点，让我们的文案离目标人群近一点，卖货量高一点，潜在人群挖掘得多一点。

总而言之，目标用户画像可以让文案发挥应有的力量，把产品做到消费者的心里去，增加产品的盈利和其他多种隐形价值。

3.3 两个方法，助你找到目标人群

爱因斯坦曾经说过："在一个崇高的目标支持下，不停的工作，即使慢，也一定会获得成功。"不过崇高的目标门槛较高，不是每个人都可以达到的，所以我们可以把"崇高"替换为"正确"，只要是正确的目标，就有坚持的意义，就有达成的一天。

对于文案人来说，找到精准的目标人群就是正确的目标，也是文案能否吸引人心、产品能否成功销售的关键。在众多寻找目标人群的方法当中，以下两个方法是最简单，也是最实用的。

◆ 新产品，从需求出发找目标人群

我们在推出一个新产品时，是没有现成的目标人以供参考的，这时候我们就要从需求出发寻找目标人群，因为有需求才有购买力。需求可以分为两种，一种是真实的需求，一种是诱发的需求。

①真实需求

所谓真实需求，是指人们对产品本身的需求，以女裙为例，它可以满足女性的基本穿着要求，所以它最基础的目标人群是女性。在此基础上，女裙又因为不同的产品特色而出现不同的购买需求，吸引不同的目标人群。比如，价格偏贵的女裙，需求是"有较高消费能力的女性"；尺码偏小的女裙，需求是"身材苗条的女性"；棉麻质感的女裙，需求是"拥有文艺气质、追求宽松舒适的女性"；公主纱裙，需求则又变成"拥有浪漫情怀的女性"……从这个例子就能看出，在没有其他参考的前提下，想要成功打开新产品的销路，确定目标人群，从需求出发是最简单、最有效的方法。

②诱发需求

所谓诱发需求，是指在竞品较多或者目标用户购买力没有那么强的情况下，诱发消费者需求，进而"创建"更多目标人群的方法，这对文案人的考验更大。

【案例一：我们不生产水，我们只是大自然的搬运工——农夫山泉】

农夫山泉作为经典的大众型瓶装水，在文案方面有很多值得我们借鉴的地方。农夫山泉以"如何喝健康好水"为销售核心，持续诱发消费者的需求，发展出了更多的目标人群。比如，早在1999年，纯净水大行其道的时候，农夫山泉向大众宣布不再生产纯净水，转而生产天然水，并通过众多文案宣传，让大家了解到天然水的健康性，发展出更多的目标人群。

图3-4　农夫山泉广告文案

又比如2015年，农夫山泉以"我们不生产水，我们只是大自然的搬运工"为文案，全面向消费者阐述搬运什么水、怎么搬运这个水、为什么得喝这个水，成功将农夫山泉的品牌形象塑造成"大自然优质天然水的搬运工"，以此不断深化消费者心中"喝健康天然水"的想法，当消费者的这个需求被诱发出来后，一直以此为品牌战略的农夫山泉自然成为目标人群选择天然水的第一品牌。

由农夫山泉的案例可以看出，需求是可以诱发的，不过诱发要建立在真正有需求的基础上，我们诱发的只是更深层次的需求，比如，人们除了对矿泉水有解渴的需求之外，还对其健康程度有追求，对它所代表的生活方式和身份地位有追求。通过分析消费者的深层需求后我们发现，同样一种水，文案的宣传点不同，其目标人群也有所不同。反过来说，我们可以把想要吸引的目标人群作为文案的主要宣传点。

◆ **老产品，从现有顾客中发掘目标人群**

老产品，是指经过市场检验，已经有固定消费者的产品。对于这样的产品，我们已经有一定的消费者积累，要做的就是对目标人群进行深度"挖掘"，增加现有目标人群的忠诚度，寻找更多的目标人群。

无论面对哪种类型的产品，我们都可以通过以下目标人群调查表来分析现有目标人群并发掘更多的、拥有共性的目标人群。目标人群调查表由上文中做目标用户画像的内容归纳得出，具体如下：

表3-1 目标人群调查表

类型		人群特征
人群标签	性别	
	年龄	
	地区	
	教育程度	
	职业	
	收入状况	
	婚姻状况	
	……	
人群喜好	兴趣爱好	
	购物喜好	
	价值观	
	……	
待满足需求	物质需求	
	情感需求	
	……	
与本品类的关系		……
与本品牌的关系		……
对文案的印象	有印象	
	无印象	
	……	

通过完善以上目标人群调查表，我们可以对现有的目标人群进行分析，在此基础上，通过以下两点来进一步发掘目标人群：

①维护现有目标人群

我们要对现有目标人群的消费历史、喜好、迫切程度等进行整理、分析，挑出他们的共性。消费次数越多、频率越高、喜好程度越高、需求迫切程度越高的顾客，价值越大，越需要我们精心维护。我们不仅要通过各种小活动、回馈等维护现有目标人群的忠诚度，还要在写文案时侧重迎合他们的喜好。

②发掘新的目标人群

发掘新目标人群的方法主要有两种，一种是通过整理出来的现有目标人群的喜好修改文案的方向、风格等，吸引更多的潜在消费者。

另一种是分析竞品的目标人群，把他们的客单价、客户特点等与自己的客单价、客户特点等相结合，分析出本品类产品的卖点和自己的核心优势，然后集中文案"火力"，向这些目标人群抛出橄榄枝，直到他们对我们的产品心动，出现购买行为成为新的客户，再用其他方法进行维护，形成长久的购买力。

总的来说，寻找目标人群就是要弄清楚文案是写给谁看的，当你找到这个问题的答案时，你就找到你所需要的目标人群了。

3.4 分析目标人群，找到文案切入点

找到了目标人群以后，我们就要针对目标人群来写文案了。可究竟应该从哪个角度来切入？目标人群的痛点、痒点和爽点又在哪里呢？很多文案人

都会卡在这一关，万事俱备，但却不知如何下笔。笔者的建议是，从分析目标人群入手，找到文案切入点。

众所周知，每一种商品都有对应的目标人群，市场上的商品千千万万，我们不可能把每一种商品的目标人群呈现在大家眼前，所以只能归纳出目标人群的大体分类供大家参考，这样在分析目标人群时便可以有据可循。简单来说，目标人群可以根据两点来分类：

◆ 通过购买能力划分目标人群，找到文案切入点

购买能力对产品的目标人群起决定作用，因为经济基础决定上层建筑，如果没有物质的加持，想要购买心仪的商品也只能是"有心无力"。通过约定俗成的购买能力划分，我们可以把目标人群定位为三类：

①金领人群

金领人群泛指收入非常高的富裕人群，这类人群的消费能力强，但是相对的在目标人群中占比非常小，选择性也非常多，所以如果你的产品为适合这类人群的奢侈品、时尚品、紧俏品等，在写文案时就要符合他们的阅读偏好和习惯。

【案例一：奢侈就必须舒适，否则就不是奢侈——香奈儿】

香奈儿作为全球知名奢侈品牌，其每次所出的文案虽然简短，但是非常得人心，而且能带给人们美的享受，更切合金领人群眼界高、知识面广的特点，可以吸引他们消费。

除了"奢侈就必须舒适，否则就不是奢侈"之外，香奈儿还有许多知名文案，比如"时尚会过去，但风格永存""想要无可取代，就必须时刻与众不同""有些人认为奢侈的反义词是贫穷，事实上不是这样，奢侈的反义词是粗俗"等，这些文案都带给人们除产品以外的附加价值，显得很高级，所以更加得人心。

大多数金领人群除了网络上可以获取到的信息之外，主要通过财经政论性、时尚休旅性、高档奢侈性等报刊来获取信息，所以我们的文案要与这些报刊的风格相契合，在此基础上，根据自己的产品去贴合这类目标人群的阅

读喜好、习惯，这样才能有的放矢地将文案所宣传的产品或品牌投放在他们眼前。

除此之外，这类人群更注重与众不同的实用性或者价值享受，所以如果你的文案能提到产品的特别之处，或者能带给他们价值享受的提升，就能更好地让他们接受你的文案，就像我们以上所说的香奈儿的文案一样。

②白领及中高收入人群

这类人群占比相对较大，是目前市场上最有潜力的消费人群及大多数产品都想"招揽"的目标人群，这类人群与金领人群偶有重叠，但是接受信息的范围更广泛、接受信息的能力更强，所以写这类人群喜欢的文案相对于金领人群喜欢的文案要容易一些。如果文案比较有格调，所宣传的产品是比较上档次的轻奢类、时尚类、极具特色类、绿色健康类等产品，往往能很大限度地得到他们的青睐。

③中等及偏低收入人群

这类人群在目标人群中占比最大，是绝大多数商品的主要购买者，所以这类人群是我们要发掘的主要目标人群。这类人群平时消费在自己能接受的范围内，但是节假日或者电商节时往往可以有超出自己消费能力的行为出现，加上他们时间偏充裕，可以经常看电视、看手机、看书、看报纸、看杂志等，所以接受信息的渠道和范围非常广，对于这类人群的文案，一般以实用干货类、打折抢购类、感动情怀类、轻松搞笑类为主。因为这样的文案可以帮助中等偏低收入人群节约时间和金钱，来获取最需要的产品信息和优惠信息，还可以帮助他们中和日常生活的枯燥，让这类人群的生活变得丰富多彩，因而更容易被接受。

以上三大目标人群，各自有各自的生活行动半径，不同的生活行动半径决定了不同的消费行动半径、消费渠道的基本特点等，我们可以据此归纳出他们的消费特征，将这些消费特征的共性总结出来，与产品的功能点、消费者痛点相结合，就能找到产品的卖点，产品的卖点就是文案的最好切入点。

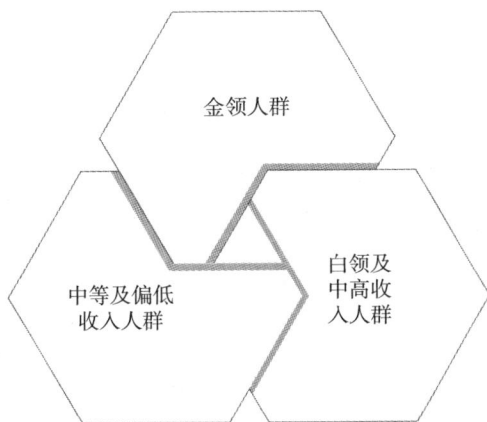

图3-5　三类目标人群

◆ 通过性格特点划分目标人群，找到文案切入点

每个人都有不同的性格，对应在消费上也是如此，面对形形色色的消费者，我们一直在找共性，以便于分析出目标人群，找到文案的切入点。在众多不同性格的目标人群中，我们这里着重介绍四种——理智沉稳型、直率冲动型、犹豫多疑型、盛气凌人型，这四种性格的目标人群特色鲜明，具有反差，每一个的文案切入点都有所不同。只要掌握了这四种目标人群的文案切入点，我们就能举一反三，学会其他相近、相似目标人群的文案切入点。

①理智沉稳型

理智沉稳型消费者的心理特点是：冷静、成熟，思考问题时多用"理性脑"。要打动这类目标人群，文案尽量不要走感性路线，最好用实用干货类文案，用摆事实、讲道理征服他们的"理性脑"，得到他们的信赖，让他们心甘情愿地购买产品。

②直率冲动型

如果目标人群是直率冲动型的，那么文案人是比较幸运的，因为这类目标人群用"感性脑"思考问题，容易冲动消费，因此无论写哪一种类型的文案都适合，其中尤以情怀类、感动类文案最合适，只要让他们感性起来，即使没有用的东西也有可能买回家。

③犹豫多疑型

如果你要吸引的目标人群是犹豫多疑型的，在写文案之前我们要了解这类人群犹豫多疑的缘由。可能是因为他们从来没有购买过本品类的产品，也可能是他们之前购买本品类产品时有过不愉快的经历，所以才会产生怀疑和犹豫。那么面对这一类目标人群，文案就要诚恳、真实，让目标人群充分了解到产品的相关信息、品牌荣誉、服务保证等，免除他们的后顾之忧，这样才能最大限度地将他们纳入目标人群，产生购买行为。

④盛气凌人型

如果你要吸引的目标人群是盛气凌人型的，那么就要知道他们往往具有趾高气扬、财大气粗、自以为是的特点，这类人群往往有一定的经济实力，喜欢彰显自己的地位，容不得反对意见。如果文案面向的是这类人群，笔者建议用两个切入点：一个切入点是走"高大上"路线，文案风格华丽或者在文案中介绍产品可以满足虚荣心的卖点，吸引他们的目光。不过虚荣心写得不要太明显，最好隐晦一些，比如"低调的奢华""让你显得更加有魅力"等词汇，千万不要直接说可以满足虚荣心，这样谁看了都不会高兴。另一个切入点就是态度谦和、语言亲和、视顾客为上帝、不失时机地恭维对方、赞美对方的眼力等，攻克其弱点，让他们更容易接受我们的文案和产品。

同一件事，不同的角度有不同的结论，文案的切入点考验的就是我们看问题的角度，这个角度建立在我们对市场、对目标人群的全面了解和分析之上。分析目标人群、找到文案切入点，是感性的事情，需要我们去"悟"；更是理性的事情，它以客观分析和逻辑推理作为基础。我们要做的就是将感性与理性相结合，想方设法把文案写进消费者的心里去。

第4章

找卖点：
卖点抓得好，卖货更有效

在文案写作的过程中，有的人费尽心思却不见成效，有的人轻松一写就能卖货过万，而造成这两种不同结果的关键在于撰写文案是否能准确抓住"卖点"。所谓的"卖点"，就是指商品所具备的与众不同的特色；这些特色正是商品能够成功吸引消费者购买的关键因素，抓住它们，就等同于抓住了营销的命脉。

4.1 为什么你的文案费尽心思却不见成效

为什么有的文案看上去卖点丰富却销量疲软？为什么有的文案一经投放就能一石激起千层浪，而有的文案投放到市场却波澜不惊？为什么有的人轻松一写就能卖货过万，有的人费尽心思却不见成效？

这可能犯了文案中常见的错误，没有抓住"卖点"。所谓的"卖点"，是指商品所具备的与众不同的特色。这些特色一方面是与生俱来的，另一方面是产品的运营人员所创作、创造出来的。制造"卖点"的目的就是畅销商品和建立品牌。

当然，有的人会立即反驳，抓住了卖点为什么还是不见成效？想一想，很多人的文案是不是这样写的"韩国原装进口面膜，超多精华！""墨西哥顶级食材，给你至尊享受。"这就犯了文案写作中的另一个常见错误，过度罗列卖点。

无论是抓不住卖点还是过度罗列卖点，都难以取得预期的营销效果。

那么，什么样的文案才能抓准卖点，取得成效呢？具体要做到以下几个方面。

◆ 受众才是文案创作应该关注的焦点

产品的卖点是什么？如何去寻找它的卖点？其实从一个产品产生到它成为消费者使用过后的遗弃品，这整个过程中的每一个瞬间都可以从中找出无数出彩点，而这些出彩点如果能加以巧用，都能成为产品的卖点！

产品宣传文案的重点，就是让受众感受到所宣传的产品物有所值，甚至是物超所值。怎样才能体现这一点呢？这就需要文案人根据产品特点给予消费者一个明确的预期效果或者产品价值的阐述，让受众感觉所宣传的产品能满足他们的某些内在需求，或者让他们感觉到这个产品不仅能满足他们的需求，而且具有更快、更好甚至是更便宜的优势特点。

那么，我们现在要考虑的问题就是，我们的文案受众是谁？他们喜欢或者愿意看什么样的文案？我们如何做才能让文案带来消费者？

首先应该警惕的是，要规避给消费者造成"信息不对称"的文案。什么叫"信息不对称"？从卖点出发来看，我们的文案应当让消费者感受到真实可靠、贴合实际，符合受众的社会角色和社会道德标准，而不是文不对"人"，哗众取宠。

举个例子：

【案例一：穿什么，潮我看——森马】

森马的产品定位是开拓大学生消费市场，作为一个青年时尚品牌要想在众多竞争对手中脱颖而出，营销重点就应放在提升森马在大学生中的知名度和美誉度，而年轻消费者所追捧的是青春、活力和个性张扬，所以他们在购买衣物时会很注意衣服的款式。

森马的这则宣传语精准定位了与产品对口的消费者群体的社会角色，"潮"字作为一个谐音字插入其中，就是盯准了青年群体对潮流款式的追捧和喜爱，让产品特点跃然纸上，吊足了大家的猎奇兴趣。

◆ 学会同目标用户对话来阐述卖点

一份优秀文案的特殊魅力在于，它不是把所有力气花在自吹自夸、大放厥词上，而是让目标用户有直达内心的共鸣感。你的文案不仅是花式描述产品特点，还要在有限的文案空间内告诉目标用户这个产品能为他带来怎样的收益，产品的具体优势点在哪儿。

文案所要关注的应当是在阐述产品特点的基础上，告诉目标用户产品所具有的什么功能会给他们带来什么样的实际利益，会带给他们怎样的特殊感受，又能解决他们的什么问题。

图4-1 卖点释义

下面以获得中国十大创作案例奖的"战'痘'的青春——益生堂"为案例来讲解"卖点释义"这个公式。

产品特点：除痘保健品。

产品效能："每粒胶囊必含一粒蛇胆""1000万投保产品质量险"。

产品体验：用过的人都说好。

产品作用：除痘无痕，强身保健。

益生堂在1997年保健品市场泛滥、销售普遍低潮的环境下脱颖而出，成为华南市场保健品的新星，其年销售额近亿元。其成功之处在于：完整地运用了一套系统的宣传策略，通过市场调查开始以准确的市场定位推出了广告"战痘的青春"系列，巧妙结合"投保1000万元"等宣传活动，迅速崛起，在传媒界产生轰动，为保健品市场营销拓展了空间。

◆ **化简为繁，化繁为简**

对于卖点简单的产品，需要寻找到其中的突破口，将其加工渲染，使其产品宣传内容丰富化，不仅能增加产品形象的吸引力，而且更便于受众了解产品的详细内容。不过这个"化简为繁"的过程，我们需要注意的是，要适当而为，切不可造成"物极必反"的效果。比如，你把产品从它的生产背景开始，事无巨细地将整个生产过程、销售过程完全讲明白，啰啰唆唆毫无重点，就会让产品的销售宣传效果大打折扣。

以较为成功的网红李子柒的宣传文案为例。她的主打卖点是手工制作美食，和其他美食制作网络博主的内容其实并无差异，但她的成功就在于，她将单一的美食制作过程放大成为一种"仪式感"，无论是后期视频的剪辑还是宣传文字的讲述，都是以不断渲染"仪式感"来达到吸引眼球的效果。

枯藤老树昏鸦，小桥流水人家，池塘边的朵朵野花……这些多数只停留在许多人的记忆里或梦里，而她则把梦想活成了现实，并活出了个人风格，活出了人生的"仪式感"，这使其在一众同内容的网络博主中一炮而红。

对于可能三言两语无法完全表述清楚的较为复杂的产品来说，就需要考验文案人"化繁为简"的功力了。消费者需要的不是专业的技术讲解，也不是洋洋洒洒的科研论文，他们需要的是最直观最简单的产品介绍。

以广告铺遍大街小巷的 OPPO 手机的文案为例。普通消费者不懂手机芯片高级在哪里，也不懂各类参数的真实含义，他们所关注的就是手机拍照好不好看，价格实不实惠，电池的续航能力怎么样。而 OPPO 的宣传文案则很好地利用了这一点，它没有将精力放在如何告知大众手机内在的科技实力，而是打出了"充电五分钟，通话两小时""前后两千万"等朗朗上口同时又对手机特色功能介绍得清晰明了的宣传口号。

OPPO 手机的成功在于它能从万千烦琐中摸寻出属于自己的简易小道，道虽小，却能带来巨大的销量热潮。

◆ 化抽象为具象

一份优秀的文案，给人的感觉不应是仅仅停留在赞叹或者是束之高阁的距离感，而应当是能融会在生活的实处，以服务受众为标准。文案的内容只有足够清晰和明白，能够抓住受众的眼球，才能在一定基础上达到激发受众消费欲望的目的。

上文提到"化简为繁，化繁为简"的创作要点，就是如何将产品内容的宣传效果最大化、最核心的部分，其根本之处在于如何让目标用户更加容易理解。尤其要注意的是一些生产过程复杂、用料讲究、注重科技研发的产品，最需要耗费心力去解决如何既宣传产品优势，又能符合大众浏览需求。

以格力为例，董事长董明珠的那句"中国人不需要到国外买电饭煲"，不仅紧紧结合了国外买电饭煲热的社会热点，而且还明确表明了格力的电饭煲不比国外的差，那么究竟是哪里不差？那必然就是核心技术。文案人并没有致力于细致、抽象、严谨地讲解格力电饭煲的整个研发过程，也并没有提到相关内容，而是利用"话中有话"和"言外之意"来让消费者感觉到了产品的特点。

所以，对于一篇文案来说，无论你是化繁为简还是化简为繁，最核心的还是要做到简单易懂，用最符合大众理解程度和接受程度的内容去表达产品概念，吸引消费者。脚踏实地是创意的基础，技巧运用只是锦上添花，这是如何能将一篇文案的宣传效果最大化的核心，也是写一篇文案时需要时刻谨记的要点。

4.2　文案GPS，帮你找到目标用户最想看的点

文案人经常会听到各式各样的"吐槽"，比如，文章缺少感染力、目标用户不想看、难以引发消费者的同理心与购买欲等。目标用户为什么不想看呢？是因为现在的文案同质化越来越严重，将一套文案当作万能模板运用到所有地方的情况早已经屡见不鲜。

千篇一律的文案谁会去看呢？只有找到目标用户最想看的点，才有效果。

因为不同的目标用户群体想看见的点是不一样的。比如，一件衣服，孩子最关注的点是健康舒适，年轻人最关注的点是时尚美观，老年人最关注的点是宽松休闲。可见，文案是不能通用的，找到目标用户最想看到的点，才是写文案的关键之所在。

目标用户最想看到哪些点？一般来说分为三点，即痛点、痒点、兴奋点。

这三个关键词看似简单，但在文案营销里的地位却举足轻重，甚至可以说是缺一不可。你若想在产品销售上大获全胜，而不是让想法成为空中楼阁、无法企及，便要下足功夫去了解和运用这三个词。

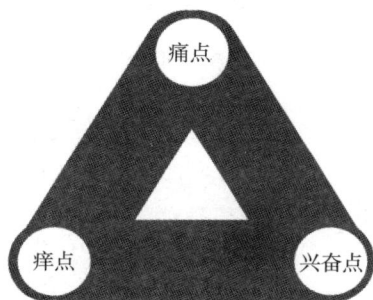

图4-2　目标用户三看点

◆ **痛点**

所谓消费者的痛点，就是那个能直接戳中消费者最担忧、最烦恼和最纠结的点。"茶不思，饭不想"，辗转反侧，难以入眠，大概就是这种感觉。如果能准确地抓住消费者最核心的痛点，以此为基础进行文案创作，能够解决其最大的心病，满足其最焦急的需求，便离成功交出一篇优秀文案进了一步。

【案例一：冷热酸甜，想吃就吃——冷酸灵牙膏】

人生一大乐事，便是美食当前，想吃就吃。但如果你的牙齿怕冷、怕酸还怕辣，还怎么享受美食呢？人生的乐趣不就少了一半吗？如果此时的你看到了冷酸灵牙膏的广告，你会心动购买吗？

【案例二：白天服白片不瞌睡，夜晚服黑片睡得香——白加黑感冒药】

感冒发烧，头昏脑涨，但是带病坚持上班，坐在办公室的你，却因为怕感冒药里某些让人昏睡的成分而不敢喝，身体难受至极，此时你看到了白加黑感冒药的广告，你会马上购买吗？

诸如此类的案例数不胜数。这些成功的文案案例的背后，正是出于创作者很好地掌握了产品所服务的消费者群体的根本痛点，对症下药。文案的优秀不在于你的用词是否精美，也不在于你对产品的吹嘘是否登峰造极天花乱坠，而在于你是否能传达给消费者这样一个信号：你是不是对于 ×× 很烦恼，用我们的产品，保证这个问题不再是问题。只有这样，才能刺激消费者的购买欲望。

◆ 痒点

上文说了痛点，接下来说说消费者的"痒点"。说到"痒"，它不同于"痛"，不会让人难受得翻来覆去，而是想要解决的心态迫不及待。得之我幸，失之不可惜，说的就是它了。它可能不是亟待解决的问题，但却心神向往，无法忽视。简单来说就是特别想要的非必需品，即为了满足消费者某些个人欲望的产品。

【案例三：两千万柔光双摄，照亮你的美——VIVO】

拍照设备的好坏其实对于非摄影行业的普通人来说并不那么重要，这个手机买与不买，对个人生活没有太大影响，但是自动美颜，拍出来就有宛若天人之姿的相片，谁不想拥有？ VIVO 手机的营销点就在于抓住了全民美颜的热潮，大家都想美，不用再花时间 P 图的手机想想都有点心动呢！

◆ 兴奋点

兴奋点和前两点不同，它不是立足于消费者心理去思考，而是产品本身。所谓的兴奋点，就是要能够准确捕捉到产品内在的最能激发消费者消费的优势或者独到之处，令人闻之心动。

比如，金典牛奶为什么能在一众品牌牛奶中拿下一席之地，并且还有越战越勇的趋势？我们来看看它的广告词：

【案例四：源自珍选牧场，出自优质荷斯坦奶牛，选取奶源精华，经过严苛的工艺——金典牛奶】

国外进口奶源，严苛工艺，从金典牛奶这句成功的营销词里我们可以看出，它精准地表明了金典牛奶的过人之处在哪里，同时也顺应了大众对国外奶源的趋附潮流，使金典牛奶的闪光点立马展现了出来，也刺激了消费者的消费热情。

以上三点，能帮你找到的目标用户最想看的点。要想写出牢牢抓住消费者眼球，让产品大卖，别具一格的顶尖文案，我们就需要牢记以上三点。

你的文案是想戳中消费者的痛点、还是痒点、还是卖点呢？

4.3 怎样针对痛点为目标用户开出"止痛药"

在前文中所讲到的痛点营销文案是生活中最常见的，也是"杀伤力"最强的，痛点营销文案往往都能直击目标用户要害，让目标用户欲罢不能。

击中目标用户痛点是手段，引导"受伤的"目标用户购买产品才是目的。产品是治愈目标用户痛点的一剂良药，但正如任何药品的服用都需要谨遵医嘱、对症下药，在针对痛点目标用户开出止痛药的时候，也要根据目标用户的不同心理，开出不同的良药。

◆ 第一剂良药——产品物超所值

如果有两件商品摆在目标用户面前，价格相同，而价值迥然不同，目标用户往往会倾向于选择价值高的商品。

泰国著名的洗衣品牌BREEZE也深谙这一道理，推出的文案为：

【案例一：比起教出一个很棒的孩子，洗去身上的淤泥要容易许多——BREEZE】

洗衣服原本是一件让人劳累的事情，但是文案中将洗衣服与教育孩子的辛苦程度进行对比，则削减了洗衣服劳累的心理负担，让目标用户产生消费心理。

◆ 第二剂良药——产品能避开目标用户不想发生的事情

不在同一个地方跌倒两次是很多人的至理名言，消费观也会受其影响。如果目标用户在某件事情上失败过一次，而商家能提供避开第二次失败的产品，那么商家的产品一定会引发目标用户的兴趣。

基于这个目标用户痛点，商家可以分析目标用户经常在那些地方失败，并且告知目标用户，现在已经有产品能满足目标用户需求，避免失败了。

尚德机构的文案营销就是针对这一心理推出的：

【案例二：这个世界，在残酷惩罚不改变的人——尚德机构】

尚德机构在文案营销中充分利用了目标用户的懊悔心理，对于生活不如意的目标用户而言，尤其适用。尚德机构的文案加重了目标用户的焦虑感，并给了目标用户沉重一击，然后开出了来尚德机构学习就能改变生活的良药。

同样，360"钥了亲命了"系列文案中，如法炮制：

彩排过无数次见家长，被屁兜的钥匙扎了个底朝天——钥了亲命了

掏出钥匙开门那几秒，脑中已演完一部犯罪大片——钥了亲命了

360"钥了亲命了"系列文案营造了各种重要的场景，而这些场景是目标用户最不希望发生的。360用文案打出目标用户痛点，用产品治愈目标用户痛点，整个流程一气呵成。

◆ 第三剂良药——产品能"犒劳自己"

很多人在竭尽全力之后，都想给自己一点甜头，"犒劳"一下辛苦付出的自己。

基于这个目标用户痛点，文案中可以描绘出目标用户为达成某个任务付出了多少的努力，耗费了多少的时间和精力，最终夺得了多少的成就，并且暗示目标用户，是时候应该犒劳一下辛苦付出的自己了。

比如，蚂蚁金服就运用了犒劳自己的文案营销方式。

【案例三：她教会姐妹们跳舞又教她们理财，很高兴，能做回自己——蚂蚁金服】

蚂蚁金服的推广文案中罗列了目标用户对于姐妹们的付出，以及现在所取得的成就——做回自己。暗示目标用户应该多关心自己，多关注自身需求，是时候犒劳一下自己了。

同样，房屋中介公司ZIROOM也运用了相同的营销方式。

【案例四：你说，失恋了。我说，搬个新家吧。你可以住得更好一点——ZIROOM】

在 ZIROOM 的文案中，用失恋引发目标用户的同理心，然后给出治愈失恋的良药，告诉目标用户失恋了不是无家可归，而是可以住得更好一点。

如果别人不疼爱自己，就自己多给自己一些疼爱，正是运用了要犒劳心理。从上述案例中可见，目标用户在取得成就时以及在心生悲痛时，都容易产生犒劳自己的想法，因此，这一服良药运用范围甚广。

◆ 第四剂良药——产品能补偿恩人

每个人的成长，都离不开别人的帮助与扶持。一路走来，父母、老师、爱人都是人生的贵人。当目标用户觉得这些人为他付出了很多，而自己回报得却很少时，就会产生一种内疚的心理，从而希望能够通过某种方式来补偿。

基于这个目标用户痛点，商家在制定文案时，应该用文案唤起目标用户的内疚感，激发目标用户联想有哪些人为自己付出过，哪些人的付出是自己难以回报的，从而激发目标用户应该通过某种方式来弥补。因此，当目标用户产生这种心理时，商家应该适时推出治愈这种内疚感的良药。

【案例五：送给各科老师的超用心小礼物，语文老师，怀旧陶瓷杯。英语老师，英文字母抱枕。历史老师，敦煌摆件。数学老师，个性几何摆件——好物笔记】

在抖音好物笔记的文案中，充分运用了目标用户在教师节来临之际想要感恩老师的心理，为目标用户推荐送不同学科老师不同的礼物正合目标用户心意。送一份小礼物，就能让目标用户释怀想要感恩、补偿的心理，目标用户何乐而不为？

◆ 第五剂良药——产品能让目标用户逆袭

每个人的内心都是奋发向上的，如果有逆袭的机会，没有人想永远落后于人。虽然很多人因为各种原因仍在底层挣扎，但是内心仍然希望有一天自己能够出人头地。

基于这个目标用户痛点，商家在制定文案时，首先要懂得贩卖目标用户的焦虑感，显示出不同人群之间的千差万别，拉大这种距离感；然后激发出目标用户内心的小野兽，将那股不服输、不低头、想改变现状、改变命运的渴望全部激发出来；最后，用产品告诉目标用户，这里正好有一款励志类的产品能够帮助目标用户改变现状，实现人生逆袭。

【案例六：晚自习这样利用，学生80%进重点本科。晚自习第一阶段（1）阅读白天老师讲解的教材内容（2）整理、补充、完善自己的课堂笔记（3）解决听课过程中遗留的问题……——高考逆袭课堂】

在这一则文案里，商家利用了目标用户想通过高考逆袭的心理，成功推出自己的产品。产品的内容中详细介绍了如何运用晚自习来提高成绩，实现学业上的逆袭。这一文案在推出之际就获得了上万的点赞量，其高考系列丛书更是销量惊人。

◆ 第六剂良药——产品能让目标用户超出常人

在美国有个家喻户晓的段子，就是"如果你挣得钱比你小舅子还多10%，那你就是这个世界上最幸福的人"。这个段子的意思是男人的幸福感来源于与同一圈层的人相比之后的优越感。如果某件商品的问世能够让人获得优越感，能够做到人无我有、人有我优，这个商品一经投放往往会受到目标用户的哄抢。

基于这个目标用户痛点，商家在制定文案时，需要思考产品有哪些与众不同之处，产品能够帮助目标用户做些什么。相比较市场上的同类商品，这款商品能够为目标用户带来哪些不一样的优势，通过强烈的对比，让目标用户产生拥有这款产品就能与众不同的优越感。

【案例七：此时，黄金显得冰冷，钻石缺乏了生机，豪华轿车也不够吸引，不要造作，感受真实的奢华，唯有，迪奥真我香水——迪奥香水】

用黄金、钻石、豪华轿车的奢华不够完美，来凸显迪奥真我香水具备的真实感的奢华。同样都是奢侈品，但迪奥真我香水更有品位。让购买迪奥真我香水的人产生这样的认知：我的高贵奢华不是金钱的堆砌，而是由内而外散发出来的气质；我不像"暴发户"，更像真正的贵族。

◆ 第七剂良药——产品能让目标用户拥有理想的身份

每个人都有自己的偶像，实际上偶像就是理想中的自己。如果有一款产品能够帮助目标用户实现梦想，那么这款产品往往能够受到目标用户的青睐。

基于这个目标用户痛点，商家在制定文案时，首先要懂得用敏锐的眼睛观察出目标用户的需求，即目标用户理想中的自己是什么样子的，他们的偶像又是什么样子的，然后思考目标用户最想强化的某一个特征，最后用商品将目标用户与理想中的自己连接起来。

【案例八：持妆清透，面若桃花——百雀羚】

女演员迪丽热巴是很多人心中的女神，姣好的容颜更是被无数女生所羡慕。百雀羚选择大众女神迪丽热巴作为产品代言人，无疑是在目标用户与偶像之间架起了一座桥梁，暗示目标用户用了百雀羚的产品之后，也能这么美。在百雀羚系列文案推出后，2018 年百雀羚的产品销量飙升了 30%。

4.4　明确想要传达的亮点，就一个，不要再多

卖点抓得好，卖货更有效。如何抓卖点呢？首先要从数量上抓，坚持要传达的亮点只有一个，不能再多。其次，不要混淆卖点与噱头。有的人可能认为噱头只要别具一格，足够吸引眼球、足够爆炸就是卖点，事实上并非如此。卖点与噱头有着本质的区别，那就是目标用户只会为卖点埋单，而不会为噱头埋单。

因此，商家需要确保亮点足够贴近商品的特征与气场，并且足够亮。

◆ 卖点不是噱头，亮点永远只有一个

许多电商促销产品，一般都会推出这样的卖货文案：

【案例一：原价XXX元，现价XX元秒杀，全网最低价！】

这样的文案配图往往都是产品。虽然看上去平平无奇，但卖货效果却十分明显，仅靠"最低价"这一个概念便能吸引大量消费者前来购买。单从卖货的角度而言，这则文案无疑是有效的。

但成功的模式并不能随意复制，因为每一条文案都有其自身的气质与特征。比如，一家教育培训机构也想低价促销教育类产品，用这种文案就不合适了。

低价可以是教育类产品的噱头，但不能是卖点。教育类产品的卖点应该是对目标用户能力、精神、品格方面的提升，卖点需要贴合商品的特征。

除此以外，卖点也是分层级的，任何一件产品所传达的核心卖点只能有一个，而其他的卖点可以有很多。就像高考生填报志愿时，一级志愿只能填报一个，而平行志愿可以填报很多。一般而言，一级志愿上的学校是高考生最重视、最想读的，核心卖点亦展现了产品最重要、最本质的特征，其他非核心卖点只是为了进一步诠释与衬托核心卖点。

以李佳琦的花西子纤细三角眉笔为例，其文案为：

【案例二：国货当中的三好学生，花西子三角眉笔，最细的三角头，细到OH MY GOD根根分明的线条，每次都用它，可以让我的眉笔画出那种绒毛感。我用花西子眉笔，从来没有断过！卸妆啦，我的妈呀，哈哈哈哈，好有诚意啊，好暴力的卸妆，好拼哦——李佳琦】

从李佳琦的推荐中，可以看出这则眉笔推荐的核心卖点为"三角头"，辅助性的卖点为"纤细""绒毛感""不易断""妆容持久"等。

在李佳琦的卖货文案中，可以看出核心卖点就只有一个，而且做了重点展示，将"花西子三角眉笔"放置在首页，并扩大海报字号，使核心卖点成为最吸引人的亮点。

◆ 如何让商品的核心卖点更吸睛

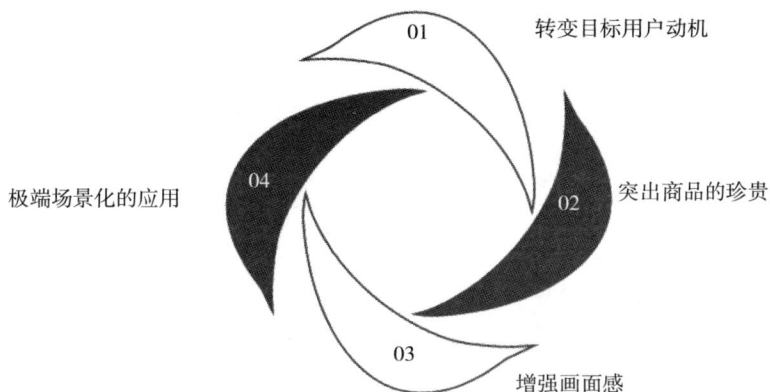

图4-3 让商品卖点吸睛的四种方法

① 转变目标用户动机

其实，很多时候目标用户并不是抱着最佳动机来选购商品，这就需要用文案拨开迷雾，做好动机转化。比如，吸尘器文案，可以将日常需要转化为给孩子一个干净的家；扫地机器人文案，可以将日常需要转变为将妻子从繁重的家务中解放出来。转化动机的文案，能够为消费者创造出关心孩子的爸爸、呵护妻子的丈夫等正面形象。

在戴森吸尘器的文案中，同样用到了这种方法。

【案例三：孩子的隐形玩伴无处不在，食物残渣和过敏源，容易聚集在难以清洁的地方——戴森吸尘器】

戴森吸尘器的文案并非一味去描述产品的质量，而是将客户带入特定的场景，一个孩子随时都会碰触到细菌的情景，从而刺激目标用户的购买需求，而戴森吸尘器正好可以解决目标用户的需求。

改变目标用户动机，可以让目标用户看见他们最想看的点，从而促进目标用户下单。这一方法，对于很大程度上影响消费者决策的商品尤其适用。

因此，文案的撰写需要充分考虑到目标用户需求，包括感情需求，如果产品能够契合目标用户的情感需求，就能提高目标用户的下单量。

②突出商品的珍贵

突出产品的珍贵，能使产品更具卖点，如何用文案为产品赋予特别的价值呢？可以参考某品牌自来水的文案。

【案例四：56890多公里跋涉，1026户走访，千百次实验验证水源地可开发性，在水源地设立三级保护区，森林覆盖率90%以上，24小时动态监控，这一切只为让千万家庭喝上优质健康好水。】

自来水的文案通过对自来水采集过程的详细描述，展现了每一滴水都来之不易，为普通商品赋予了"珍贵性"的卖点。

小米4的文案也采用了同样的方法。

【案例五：主标题：一块钢板的艺术之旅。副标题：40道工艺制程，193道精密工序。文案内容：精心打磨的不锈钢金属边框，镁合金极轻构架成就了坚固的机身，超窄边屏幕的精妙设计，宛如艺术品般的后盖赋予了小米手机舒适的手感。】

小米4的文案通过对小米手机制作工艺和边框结构的描述，展现了小米手机在每一个细节之处都力臻完美，让小米手机如同艺术品一样珍贵。

③增强画面感

找到目标用户买点的另一个方法，就是增强产品的画面感，比如，好奇银装成长裤的文案。

【案例六：棉花般柔软腰围，被搂住的感觉——好奇银装成长裤】

明显可见，这条裤子的主要卖点是"柔软"，怎么将商家的卖点转化为目标用户最能接受的形式呢？将"柔软"情景化为日常所见的"棉花"与"被搂住的感觉"，加强商品在目标用户脑海中的形象感，让目标用户轻松接受产品的卖点。

④极端场景化的应用

除此以外，极端化场景的运用，也是目标用户最想看见的点。

极端化场景就是将产品置于一个极度恶劣、几乎不可能发生的环境下，产品依然能够发挥出卓越的性能，这也是目标用户会选择你家产品，而不会选择竞争对手家产品的一个重要因素。

美国 Texas Armoring 是一家专门生产防弹玻璃的公司，如何展现防弹玻璃的质量呢？董事长做了一件令人震惊的事，董事长拿着防弹玻璃防御，让人拿 AK-47 对玻璃扫射，结果是防弹玻璃挡住了多重炮火，因此，这款玻璃也在美国市场上热销。

在国内，京东电器也同样运用了极端化的营销方法。比如 PILO 的文案。

【案例七：即使扑街，也要有梦。PILO 在哪都能睡个好觉的智能枕头——PILO】

京东 PILO 枕头的营销一改传统一家人安恬入睡的场景，采用极端化场景的表达方式，迅速在目标用户脑中留下了深刻的印象。

如何找到目标用户最想看到的点，并将关键点展现给目标用户，上文中分享了四种方法，分别是转变目标用户动机、突出产品的珍贵性、增强产品的画面感、极端化场景的运用。

在写文案的过程中，一定要深度度挖掘出目标用户想看到的点，然后根据不同的目标用户需求量身定制不一样的文案，这样才能获得想要的效果。

4.5　好的文案，是说出目标用户心中的那句话

卖点抓得好，卖货更有效。怎么才能更有效地抓住卖点？还需要让文案具有温度，让文案能够张口说出目标用户最想说的那句话。

想要文案具有温度与情感，需要把握住下面三个原则：

①让文案中每一个句子都在讲述故事

好的文案，是文中的每一个句子都是一个故事。正如江小白的文案所言：

【案例一：最想说的话在眼睛里、草稿箱里、梦里和酒里——江小白】

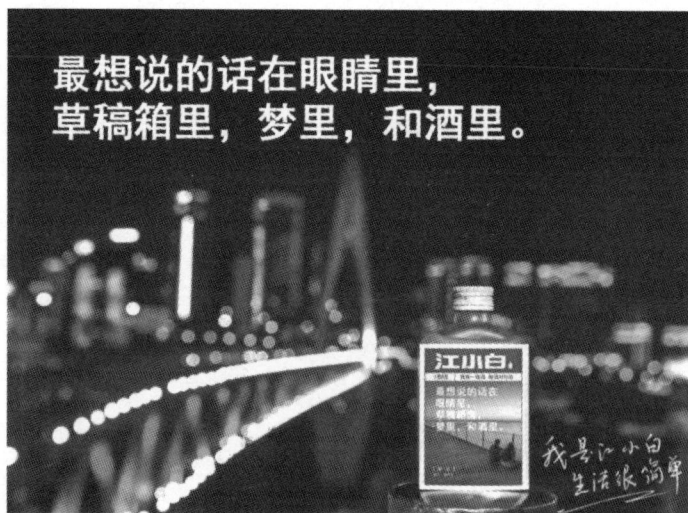

图4-4　江小白瓶身文案

江小白从一个名不见经传的白酒品牌一跃成为最受年轻人喜爱的畅销品牌，与文案营销是分不开的。江小白的每一句文案都在讲述一个触动人心的

故事。比如，江小白的敬自己系列文案。

【案例二：敬自己：你吃过凌晨5点第一笼包子，总是做办公室最后关灯的那个人。把过往封存在酒里吧！这样，当你回首时，才有故事。那一定是一段牛X的岁月。——江小白】

图4-5 江小白敬自己系列文案

寥寥数语，就勾画出了一个为生活努力打拼的形象，而这个形象正好是与江小白的目标用户群体相吻合的。江小白是一款面向年轻人的"情怀酒"，江小白说出的这句话也是年轻人的心声。

主打情怀的江小白，还有海量文案值得商家借鉴，比如：

【案例三：密密麻麻的人群里荒无人烟，万里无云的天空下一片阴霾，我总是挣扎在懦弱和勇敢之间，在梦里才看得见自己笑着的脸——江小白】

在这一段文案里，江小白描述了一个在外打拼的游子孤寂、落寞、徘徊的心理，这正是很多年轻人的生活状态，所以，江小白的文案很容易引起年轻目标用户的共鸣。

【案例四：总觉得没喝够，其实是没聊够——江小白】

在这一段文案里，江小白巧妙地实现了卖点转移，卖商品转化为卖情怀,赋予了商品情感与温度,用打感情牌的方式拉近了商品与目标用户间的距离,提升了目标用户黏度。

【案例五:微醺的时刻,才知道自己有多爱你——江小白】

在这一段文案里,江小白刻画了一个被爱情所困的年轻人形象。爱情永远是年轻人热衷的话题,而对真爱的探讨更是做不完的研究。这段文案能够很容易激发目标用户的同理心,带来粉丝的裂变。

②每一条优质文案都是真情实感的自然流露

央视公益广告"家香家乡"有这样一句文案:

【案例六:家,是我们一辈子的馋——古井贡酒】

在这一则文案中,除了由古井贡酒年份原浆连续三年特约播出央视春晚令人期待之外,文案本身也充满了温情的流露。在春节即将到来之际,以家的主题、家的味道作为文章的切入点,自然引出阖家团圆之际还需要美酒相伴的卖点,从而实现了产品的裂变。

③用感情来出售产品,用理性来诠释购买

好的文案总是能够击中目标用户最柔软的内心,激发目标用户想要购买的欲望。比如,兰博基尼 Aventador "真实的伤害"系列广告文案:

【案例七:这不是一辆车,它是一种武器,听起来像枪击声更像真实存在——新款兰博基尼Aventador700HP真实的伤害。

Gearshifts可以承受对颈部的巨大冲击——新款兰博基尼Aventador700HP真实的伤害。

加速度是世界末日,它可以带来纯粹的精神错乱感——新款兰博基尼Aventador 700HP真实的伤害。

百公里以上仅仅30米的刹车距离,眼球弹出再弹回——新款兰博基尼Aventador 700HP真实的伤害。】

目标用户为什么要选择价格昂贵的兰博基尼?是因为它卓越的性能,还是不可复制的系统?

实际上,兰博基尼所具有的性能,其他同层次甚至低一层次的汽车也具备。目标用户为什么要多花钱购买这辆价格更昂贵的车呢？用购买兰博基尼一半的钱就能买一辆配置相当不错的奔驰，或者其他的美国或德国车。而且，近几年国产车的质量与性能也有了质的飞跃。目标用户为什么偏偏要选择兰博基尼呢？

因为兰博基尼是在用感情出售商品。目标用户除了购买兰博基尼本身，还购买了兰博基尼文案中所包含的感情、追求狂野的刺激、世界末日来临般的快感。目标用户被充满感情色彩的文案吊起了欲望，然后产生了冲动性的购买，而兰博基尼的性能与系统只是为冲动性情感埋单并提供一种合理化解释。

很多购买兰博基尼的目标用户在向别人介绍自己的爱车时，总会侃侃而谈兰博基尼的性能有多么强大，技术有多么惊艳。但其实大部分人选择购买兰博基尼是为了彰显自己的富豪身份，毕竟在普通人眼中，兰博基尼就是富豪的专属勋章。虽然，这些目标用户购买这辆车的初心就是为了满足自己的虚荣心，但是他们会将购买兰博基尼的行为归因为兰博基尼的性能来验证自己买这辆车的正确性。

看看兰博基尼的广告，核心卖点从来不是向目标用户阐述产品的性能有多好，而是唤起目标用户心中的狂野心与征服欲。同样，目标用户购买这辆车大多也是出于向往尊崇人生的感性诉求，之后才用性能来解释购买行为。

可见好的文案总是能揭开层层面纱，看到目标用户心中真正的需求点，而这个需求点就是卖点。找准卖点，用卖点说出目标用户心中的那句话，卖货才更有效。

第5章

取标题：
标题场景化，让人想不点开全文都难

标题是文案的门面，也是文案的核心。一个好的标题，能充分凝聚文案的思想、表达文案的主题、奠定文案的基调。毫不夸张地说，写好了文案的标题，营销就成功了90%。而要写出秒抓读者眼球的文案标题，就必须掌握正确的方法和技巧。

5.1 运用"4U法则"，打造成功的文案标题

文案的第一个字、第一句话，是消费者对该文案形成第一印象的关键。标题能否抓住消费者的目光，在很大程度上决定着标题是否有效、文案是否能够成功。好的标题，是打造成功的、优质的卖货文案的第一步。

能吸人眼球的文案标题，必然能够击中消费者痛点。比如，消费者可以通过文案标题得知自己可能会获得的实际收益，获得新鲜感，得到实用性知识等都是消费者的痛点。

文案创作者在文案标题之中加入"免费"等词，可以让消费者觉得自己有所收获，"免费的午餐"几乎对所有消费者都有极大的吸引力。

文案创作者将"全新""全网首次""最新推出"等词语加入文案标题之中，可以使消费者对文案的具体内容产生好奇，新鲜感也将会推动消费者继续深入了解文案。

"如何""为什么""快速学会""最后机会""只有一天"等词语的运用，可以为文案标题润色不少，在凸显文案的实用价值的同时，也给消费者增加时间上的紧迫感，刺激消费者的下单购买欲望。

文案创作者拟定文案标题，不仅需要掌握以上技巧，还需要将产品的优点通过简单、有创意的方法体现出来，即凸显出对消费者有吸引力、有价值的优点。在凸显优点的过程之中，文案创作者应该将卖弄、浮夸、晦涩的文案标题拒之门外，因为此类标题，很难让消费者有继续了解文案内容的欲望，更不用说了解所卖的商品了。这类无法提升销售额的"卖货"文案注定会失败。

那么文案创作者应该如何利用文案的标题，将文案的阅读者变为商品的

消费者，从而实现"卖货"呢？

明确自身所卖商品的目标受众是第一步。文案创作者自明确了"谁会购买我的商品"的问题之后，根据目标受众的属性与消费偏好等，在标题之中加入特殊的、有针对性的字词，从而在最大程度上提升文案的转化率。

比如，文案创作者在制定某些女性专用商品的文案标题时，可以在标题之中加入"女性专用"等具有针对性的词，还可以通过加入年龄、消费标准等词语进一步精准定位消费者，从而提高转化率。

随着互联网、大数据技术的发展，消费者每天都在主动或者被动接受"碎片化"的海量信息。许多消费者在面对庞大的"卖货"信息时，很有可能只看"卖货"文案的标题，而不去看具体的内容。因此，文案创作者在标题之中加入所卖商品的名称、所属的品牌、亮点等信息，让消费者一目了然，可以提高消费者购买商品的几率。

拟定文案标题的方法与技巧多种多样，但其本质都是：引起消费者的好奇心，激发消费者的购买欲望。文案创作者在拟定标题时，可以采用设置悬念、猜谜语等形式，提出一个问题或者有争议的观点，承诺提供奖励，凸显消息的"新"与实用性等，这些都是激发消费者好奇心的方式。

在面对诸多拟定标题的技巧与方法时，有些文案创作者可能会陷入选择纠结症的困境之中。这类文案创作者，可以直接运用"4U 法则"，拟定有效的爆款文案标题。

接下来，我们先来具体了解一下"4U 法则"的内容。

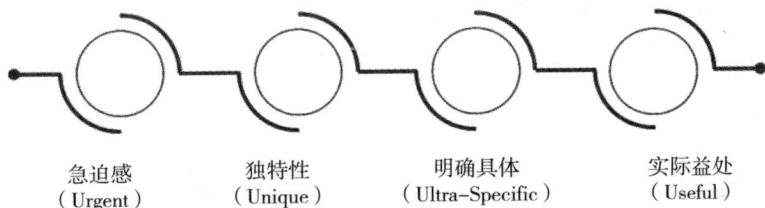

| 急迫感 | 独特性 | 明确具体 | 实际益处 |
| （Urgent） | （Unique） | （Ultra-Specific） | （Useful） |

图5-1 "4U法则"的具体内容

急迫感（Urgent）——在文案标题之中增加时间限制等元素，给消费者

"不马上购买就会错过"的感觉，引导消费者快速下单购买。

独特性（Unique）——成功的文案标题，不仅是用新事物制造新鲜感，更是将消费者耳熟能详事物，用具有创意的方式来表现出来。

明确具体（Ultra-Specific）——有力的文案标题应该准确具体的传达商品的信息，供消费判断是否购买该商品。

实际益处（Useful）——好的"卖货"文案标题会让消费者明确地感知到自身可以获得的利益。

接下来，我们再来具体分析如何运用四大公式拟定成功的卖货文案标题。

◆ 制造急迫感（Urgent）——提升购买率

给予消费者急迫感，让消费者处于焦虑的情绪之中，不自觉地推动自己的消费行为，是一种带动消费的好方法。因此，我们在写文章标题的时候，可以加入一些时间元素，让消费者产生一种无法拒绝、非读不可的紧迫感。在这一点上，下面的案例为我们做出了很好的示范。

原标题：

✖年轻人，就是要玩得刺激一点！

修改后：

☑再不疯狂，我们就老了！

从这组对比中可以看出，原标题仅仅是在空喊口号，只是起到了一个呼吁的作用，告诉年轻人要多去玩一些比较刺激的项目，却没有给他们一个去玩的动力，消费者看过后也就过去了。而修改之后的标题则抓住了年轻消费者的心理，增加了时间元素，塑造了一种"如果不趁着年轻好好去玩，那么时间是过得很快的，等到老了想玩也没有办法了"的紧迫感，从而更好地引导消费者进行消费。

◆ 凸显独特性（Unique）——用创意吸引消费者

标题的独特性指的就是标题要标新立异，不落俗套，用全新的方式去诠释旧的事物，而不是采用千篇一律的俗套方式。

为了帮助大家更好地理解这一点，我们先来看一个案例。

原标题：

✘ ××日本护肤套装，8折优惠。

修改后：

☑ 为什么日本女性都是牛奶肌？

在修改前的标题中，打折的产品价格虽优惠，但它却缺乏一个让女人购买的动力。要知道女性对美的追求是永恒的，她们时刻关注着能让他们变美的产品，所以在激发消费者的购买欲方面，打折相比于美丽而言稍为逊色。显然，修改后的标题就深谙这一点，所以它没有强调降价，而是在强调能让人变美，自然地，相比于修改前的标题，它能更好地促进销售。

从以上两个标题对比中可以看出，当我们在标题中加入了一些特别的元素，让它变得标新立异不落俗套的时候，它往往就会更具有吸引力。这也是我们在拟定文案标题时可以参考的方法之一。

◆ 做到明确具体（Ultra-Specific）——使消费者一目了然

标题需要准确地传达信息，也就是特定的环境中，文案的每个字都要准确无误，不能有歧义。下面的标题对比就很好地说明了这一点。

原标题：

✘ ××漂流套票180元/人，2人团购享9折优惠。

修改后：

☑ ××漂流通票，180元玩转整场。

这是 ×× 漂流的团购文案，原标题中用的是套票，意思是消费者在漂流的过程中只能玩一部分项目，其他项目可能需要另外收费。而修改后的标题是通票，也就是消费者可以玩所有的项目，相比于原标题而言，它更明确具体，也更能打消消费者游玩的顾虑。

原标题：

✘ 5万元就能开新车！

修改后：

☑ 开新车，裸车5万元起！

这是某 4s 店的文案标题，原标题的意思是 5 万块钱就能把新车开回家，但是很多消费者买车的时候，不知道有裸车价和落地价，所以会产生一些误会，本来已经选好了车型并准备好了车款，可是当前往 4s 店买车时，却被告知钱不够，这时消费者很可能产生受骗的感觉。而修改后的标题则说明了 5 万元是裸车价格，更加准确，也就减少误会。

◆ 展示实际益处（Useful）——激发消费者的购买欲望

消费者会购买商品，是因为商品对他有用，他能从商品中获得益处，所以标题要写清楚消费者的实际受益，让消费者看到他能从中获得的实际利益，自然就能放心购买。

下面，我们通过两个标题的对比来感受一下标题展示实际益处的好处和优势。

原标题：

✘ 智能电饭煲，老人也能用。

修改后：

☑ 给老人买这款电饭煲，省时省力还省心。

这是一款智能电饭煲的文案，因为大多数老年人不怎么上网，那么点击查看文案的可能是老人的孩子或者孙子，他们最关心的是老人的身体问题，所以原标题的点击率不会太高。

而修改后的标题会更加吸引消费者，因为家里的老人年纪比较大了，当看到这则标题后，消费者可能会想点进去看看，是什么产品能为老人的生活带来便利。而消费者点进去就会看到，爸妈年纪大了，腿脚不太方便，煮饭的时候常常会多跑几趟去看看饭熟了没，所以便购买了一款 ×× 牌智能电饭煲，让父母省时省力，期待能改善父母的生活质量。

原标题：

✘ 用九美，更完美。

修改后：

☑ 弹弹弹，弹走鱼尾纹。

消费者购买化妆品，一般是希望能给脸部肌肤带来好的改变，所以如果标题提出了可以解决肌肤问题的方法，一般会被消费者所信任。

原标题虽然表示可以让消费者往好的方向转变，但是消费者会认为比较空、不够准确，不知道具体能够解决哪方面的问题。而修改后的标题则是有针对性地提出了这个商品能够解决鱼尾纹问题，通常当看到这样的标题后，有需要的消费者就会去购买商品。

总之，标题是一篇文案的脸面，标题漂亮、有吸引力，消费者才会愿意继续看下去。好的标题能带来更高的转化率。以上我们分享了文案标题的"4U 法则"，相信只要学会了这"4U 法则"，那么写出漂亮有吸引力的标题就很容易了。

5.2　四步写出好标题，让文案阅读量翻倍

在相亲时，如果邋里邋遢，给人第一印象就会很差，即便是拥有较高的社会地位与名气，也会使相亲对象的好感度一跌再跌。因此，在相亲之前就要收拾干净、打扮得体，争取给相亲对象留下好印象。"人靠衣装，佛靠金装"，文案也不例外，需要一个好的标题为文案披上精美的外衣。

移动互联网的发展使我们进入了信息"碎片化"的时代，每天我们都面临着海量的"碎片化"信息。微信、微博等各种社交平台的海量信息都已经让人头痛欲裂了，又怎么可能会拿出宝贵的精力去仔细阅读卖货文案呢？

消费者在看见文案标题时，就已经决定是否要继续去了解卖货文案的具体内容。这如同在大街上欣赏美女，只看一眼就能明白她是否是自己喜欢的那一类型。因此，能够让消费者第一眼就能看到的文案标题十分重要。没有

好的文案标题，消费者几乎不会去注意优质的内容、独特的观点以及深刻的思想。

那么，我们应该怎么做才能拟定好的文案标题呢？在本节，我们将着重解答这个问题。首先，我们需要了解的是写作文案标题的四个步骤。

◆ 写文案标题的四大步骤

第一步：总结关键词

所卖商品是文案创作者撰写文案的主题，文案的标题应该紧紧围绕商品，将商品的信息总体概括出来。文案创作者在拟定文案标题时，应该先构思结构与表现形式，并罗列出关键词。

比如，本节的标题是"四步写出好标题，让文案阅读量翻倍"，其中"四步""好标题"就是关键词，这就是本节着重关注的关键内容。

文案创作者在拟定文案标题、挑选关键词时，切忌"假大空"，否则就很容易沦为标题党。比如，某一个卖线上培训课程的文案标题："教你赚够人生的第一个一千万"，其中"一千万"虽然可以吸引消费者注意，但细读文案、购买课程也无法让每一个消费者真正赚到一千万。

与之相反的是，没有关键词，看起来平淡无奇的文案标题，虽然文案内容写得好，商品质量也好，但消费者不去阅读文案、不去体验产品，也只是做了无用之功。

文案创作者应该先确定文案与标题的关键词，确定标题呈现的形式，再继续优化，使标题"引人入胜"。

第二步：确定文案的受众

文案创作者在撰写卖货文案时，只有考虑其所卖商品的受众的消费习惯、消费偏好、具体需求等因素，才能站在他们的角度去考虑问题，才能明白他们会被怎样的文案标题所吸引。

一般而言，对所卖商品的受众定位越具体越好。文案创作者可以根据具体的、精准的受众，来进行有效的换位思考。具体思考的内容例如：他们的关注什么？他们的需求是什么？用什么样的方式与语气能减少与他们之间的距离感？如何赢得他们的信任？他们在购买此类商品时，会害怕出现怎样的问题等。

产品的定位不同，文案标题的侧重点也有差异。比如，如果你卖的商品的受众大多数是中年人，那么在标题之中加入与孩子有关的因素能够快速让他们敞开心扉，愿意继续阅读文案；如果是老年人，就可以将健康养生等元素加入标题，他们会更加愿意买账；如果是文艺青年，那么小清新的文学元素就十分适合；如果是叛逆少年，文案标题的用词就应该"飞扬跋扈"一点儿。

我们不仅可以根据受众的年龄、个性来拟定文案标题，还可以根据受众的职业来拟定标题。比如，如果商品的受众是律师、程序员，其文案标题就要显得比较严谨，且体现一定的逻辑性；如果是艺术家，文案标题的用词应该趋于感性。

根据受众不同的特点、年龄、个性、职业等，文案创作者拟定标题的侧重点与方向也不同。

第三步：组合多种吸引力元素

文案创作者在拟定标题时，确定文案与标题的关键词是基础，明确所卖商品的受众是前提，随后才开始构思标题的具体形式。有许多文案创作者可能会发现，许多实现"卖货"目标的文案标题是多种具有吸引力的元素的组合形式，而不是单元素的形式。

比如，某买衣服的文案标题为"如何穿才能显腿长长长长长长"，其中既采用了提出疑问的方式，也暗示了文案内容与穿衣搭配有关，同时显示出与消费者切身相关的利益点"显腿长"。这样短短的一个标题，就集合了多种元素，极大地提升了吸引力。

因此，文案创作者在拟定标题时要挑选多种吸引力元素进行组合搭配，但注意一定要围绕商品这个主题来拟定，不能生搬硬套，否则会起到相反的效果。

第四步：修改与润色

虽然好的文案标题需要灵光一现的灵感，但仍然需要仔细打磨、反复推敲的过程。在完成以上三个步骤之后，文案创作者就可以开始最后的修改与润色，推敲用词是否精准，叙述是否简洁有力等。

比如，某文案创作者初步拟定的标题：

✖ 2小时内一定删除，快点看！

其中，"2 小时"这一时间范围已经达到给予消费者紧迫感的目的了，"快点看"就有些"画蛇添足"了。

修改后：

☑ 2小时内必删。

这样的修改，使标题更加简洁而有力。再如，

✖ 我喜欢买房认真的人。

从逻辑上来看，这个标题没有错误，买房要花费大量的真金白银，认真点是应该的。但这样的标题，没有亮点，很难在第一时间内吸引消费者。可以这样修改：

☑ 我喜欢买房挑剔的人。

在这个标题的语境下，"挑剔"表现的情绪比"认真"更加强烈，对消费者的吸引力更大。普通文案与顶尖文案也许只有一个字、一个词的差距。

通过以上四个步骤，文案创作者可以快速地拟定一个优质的卖货文案标题。除此之外，还需要注意以下注意事项，才能真正实现阅读量翻倍，达到"卖货"的最终目的。

◆ 写标题的注意事项

在写文案的标题时，我们需要注意以下四点：

①找准产品的主要创意点

产品的创意点是一篇文案的灵感和基础，也是拟定一个好标题的关键。要想写出一个好的标题，首先必须弄清楚这个产品的主要宣传点是什么。

比如，VIVO 手机"两千万柔光双摄，照亮你的美"拍照功能就是 VIVO 手机的主要宣传点；格力空调"每晚只用一度电"，节能省电就是格力空调的主要宣传点；红旗汽车"坐红旗车，走中国路"，国家情怀就是红旗汽车

的主要宣传点。这些语句流行的原因，就是因为文案标题清楚地抓住了商品的创意点。

在清楚地找到产品的主要宣传点后，接下来要做的，就是从这个点出发，将其扩散成具有创意性的画面。

以 VIVO 手机为例，它的宣传文案就是从它的拍照技术这一点出发，延伸出了不同国家的人们交替拍出令人炫目的照片的动态画面，不仅直观地展现了 VIVO 手机拍照技术的优势特点，而且给观众留下了强烈的印象，从而很好地激发了消费者的消费欲望。

②找准产品的主要宣传角度

已经对产品的主要宣传点有了基本构思和想法后，下一项任务就是要找到产品的主要宣传角度，即如何快、准、狠地把商品创意展现出来的突破口。只有当我们找准了产品的主要宣传角度，即标题的写作角度后，我们才能撰写出能成功激发消费者消费欲望的标题。

那么，产品的主要宣传角度应该如何去找呢？不妨通过下面的案例来了解一下。

【案例一：世界都知道你很火，谁用谁自信，谁用谁美丽，颜色不挑人——美颜秘笈口红】

口红的主要卖点之一，就是它的多样颜色，适合各种肤色的女性，很多口红商家也打出了各种"显白""显气色""黄皮亲妈"等标签。口红的本质是让使用者提升个人面部气色，使外部相貌的分数能有所增值，而口红的颜色是消费者对口红最基本的也是最重要的要求。

同时口红的主要消费群体是女性，而女性在选购化妆品时，不仅会考虑它本身的质量以及色号符合程度，外观感受也很重要。精美的外壳会在一定程度上给予消费者更为冲动的消费欲望。

所以对于口红而言，颜色多样、能很好地提升气色以及精致的外观就是口红类产品最主要的宣传角度，而案例中的口红文案正好抓住了这一点。

从上面的案例可以看出，对于产品而言，最主要的宣传角度其实就是它本身所具有的最大优势、最大特色和最主要的作用。当然，除此之外，很多时候，产品的创意点也能够成为产品宣传的主要角度，还是以化妆品为例，比如，兰蔻粉底液的"24小时持妆无瑕"；薇诺娜喷雾的"专属敏感肌"等都是用产品本身的创意点来进行宣传，以达到吸引消费者的目的。

③融入情感，引导消费者进行消费

写出"到位"标题的另一个策略是在标题中融入情感，引导消费者去进行消费。

通常如果当消费者在浏览一个标题的时候，很容易就会受到标题中蕴含的情感影响，并产生相同的情感，觉得自己与文案发生了共鸣，从而卸下防备去接受标题、接受文案、接受产品，那么就说明这个标题成功了一半。

在这一点上，阿克苏冰糖心苹果就做出了很好的示范。

【案例二：甜过初恋——阿克苏冰糖心苹果】

冰糖心苹果的特点是甜蜜，怎样体现这一特点，并与市面上的其他苹果区分呢？阿克苏冰糖心苹果用"甜过初恋"这一表达巧妙地向消费者展现了它的特性。初恋在每个人的心中都是珍贵的记忆，回想起来心中就盈满了甜蜜，阿克苏冰糖心苹果就如深藏心底的初恋一样，口味甜蜜，回味无穷。

以上就是写作文案标题的四大步骤和注意事项，希望大家能够灵活运用，写出"吸睛"又"吸金"的好标题。

5.3 有故事的标题，才能"抓"到消费者

在移动互联网时代，人们已经养成了快速浏览、3秒读屏的习惯，因为庞大的信息流让人们不得不缩短筛选信息的时间。在这种背景下，所有的产品都在想方设法地抓住消费者的注意力。

《故事思维》一书的作者安妮特·西蒙斯曾说过："用故事包装事实，是一种强大的力量，能够为人们打开心灵之门，传递真相。"

有故事的文案标题同样具有强大的感染力，它不仅可以化解消费者对广告的排斥感，将产品信息完整地传达，还能调动消费者的情绪，让消费者对文案和产品产生价值认同，并唤起他们的购买欲望。因此，用标题讲故事，是移动互联网时代最高明的沟通策略。

不过，在用文案标题讲故事之前，我们要先学会寻找故事、挖掘故事。

◆ 如何找到好故事

一个有故事的标题，对文案的重要性不言而喻，但是很多人却不知道应该从哪里找到有感染力、有说服力的故事，下面列举了6种最常见的挖掘故事的路径，希望能对大家有所帮助。

①从品牌的文化传承中挖掘

每个人都有自己的人生故事，品牌也同样如此。故事和历史是品牌重要的文化资产，也是产品最重要的卖点之一。很多知名品牌都凭借品牌历史获得了一批忠实粉丝，比如，不少消费者都对知名奢侈品品牌香奈儿的品牌历史和文化津津乐道。

因此，我们可以从品牌的历史和文化传承中挖掘故事，用品牌的底蕴去打动消费者，让消费者对品牌和产品产生认同，并产生购买冲动。全球知名钟表制造商江诗丹顿的那句著名广告文案就充分彰显了自身的文化传承。

【案例一：你可以轻易地拥有时间，但无法轻易地拥有江诗丹顿——江诗丹顿】

江诗丹顿是世界上历史最悠久的钟表制造商之一，在历经了243年时光的打磨后，江诗丹顿手表已经成为"时间"的代名词。但是，这句文案却告诉消费者江诗丹顿手表比时间更为珍贵，因为它不仅是手腕上的艺术品，还是品味和身份的象征。江诗丹顿用短短的一句话就讲述了品牌的历史，从而获得了无数爱表人士的青睐。

②从书籍和典故中挖掘

书籍是人类最好的朋友，如果在写标题时实在没有头绪，我们不妨从书籍和典籍中寻找，参考一些神话传说、民俗故事，并把它们用到文案的标题中。比如，诚品商场中秋节赏月特卖文案标题：

【案例二：地球越来越需要一个可以投奔的地方——诚品商场中秋节赏月特卖】

这是诚品商场中秋节赏月特卖文案的标题，这篇文案的开头是这样写的："地球的烦恼越多，每到夜晚一不开心，就越需要一个可以投奔的地方，依赖久了，就更不能失去月亮。"

我们可以看到，标题与开头是互相呼应的，不仅把地球拟人化了，而且还化用了著名的神话传说"嫦娥奔月"，与中秋赏月特卖的主题十分契合，这也是这个文案标题最高明的地方。

③从创业和奋斗的经历中挖掘

创业故事也是非常好的故事来源，因为大多数人都对关于成功的故事非常感兴趣，也对成功人士的创业经历感到好奇。我们可以挖掘品牌创始人的创业经历，或者创始人与名人之间发生的故事，并把它们运用到文案的标题之中。除此之外，我们也可以从目标人群的角度出发，挖掘他们的奋斗故事。比如，阿里钉钉APP的文案：

【案例三：因为理想，成了兄弟，因为钱，成了仇敌；怕配不上曾经的梦想，也怕辜负了所受的苦难；28岁，头发白了一半——阿里钉钉】

阿里钉钉APP的目标人群是职场人士，而拼搏和奋斗是这些职场人生活的主旋律，阿里钉钉从目标人群的角度出发，挖掘他们的奋斗故事，写出了上面这三句震撼人心的文案。

④从产品生产过程中挖掘

每一个产品从创想到诞生都经历了一系列曲折而复杂的过程，这个过程是我们的最佳故事来源。而且，挖掘产品自身的故事能够最大限度地体现出差异化，并形成产品的独特标签。对于那些有工艺优势、原材料优势的产品来说，从生产过程中挖掘故事是最好的选择。

比如，下面这则农夫山泉的文案标题就充分体现了产品的核心优势——水源地。

【案例四：你可能不知道，你正在品尝的是长白山的春夏秋冬——农夫山泉】

这个标题讲述的故事是有关农夫山泉水源地长白山的，消费者看到这样的标题后会对长白山的四季产生美好的联想，并对农夫山泉的品质产生信任和认可。

⑤从消费者的使用场景中挖掘

我们可以设想一下，消费者会在什么场景下使用该产品？消费者使用了该产品以后会发生什么？我们可以根据这些场景和想象写出很多故事型标题，同时从使用场景中挖掘故事还可以让消费者产生很强的代入感。比如，下面这则蚂蚁金服的文案：

【案例五：自从姑娘教会我用支付宝寄快递，最喜欢隔三岔五给她寄吃的，想到她不回家也能吃到我亲手做的腊肉，就很开心——蚂蚁金服】

这则文案讲述了一个比较完整的故事，呈现出了产品的使用场景，能让消费者产生身临其境的感受。

◆ **有了故事，如何写出好标题**

找到了故事的来源，选择了故事的类型，我们就可以开始着手写故事型标题了。那么，我们应该从哪里开始呢？下面的三种方法，是故事型标题最常见的写作技巧，我们一定要掌握并灵活运用。

①制造悬念

我们可以在标题中留下悬念，让消费者忍不住打开正文一探究竟。比如，ENJOY美食的文案标题：

【案例六：1.5斤新鲜甘蔗浓缩成一颗糖；它懂你不能说的——ENJOY美食】

这是ENJOY美食的一个文案标题。看到这个标题，消费者的好奇心瞬间就会被勾起，他们会想：一颗融入了1.5斤新鲜甘蔗浓缩汁的糖究竟能有多甜？而这颗糖又能告诉我们什么？在悬念的诱惑下，消费者多半会打开并浏览文案的正文，而产品的信息也能顺利地触达消费者了。

②设置冲突

引人入胜的故事必然会有冲突，而且冲突感越剧烈，消费者的共鸣感也就越强。故事中的冲突通常是由转折来形成的，精彩的转折会让消费者产生"意想不到"和"原来如此"的冲突感，并对文案的正文内容产生好奇。

有些视频广告的标题也采用了设置冲突的手法来吸引消费者观看，比如，抖音上的某品牌游戏辅助器推广视频，这则视频的标题是这样的：

【案例七：青铜选手也能有王者的操作——王者游戏辅助器】

这个标题告诉大家"青铜选手也能有王者的操作"，而消费者看到这个标题后的第一反应一定是"不可能"，冲突感也就由此产生了。

为什么消费者会有这样的反应呢？因为提升游戏排位不仅需要技术还需要时间，而且游戏排位在很大程度上也代表着个人水平的高低。"青铜选手"的操作水平一定是低于"王者选手（游戏中排位高的玩家）"的，所以这个标题的内容是违背常识的。消费者看到这个标题后一定会在视频内容中寻找答案，并成功接收游戏辅助器产品的信息。

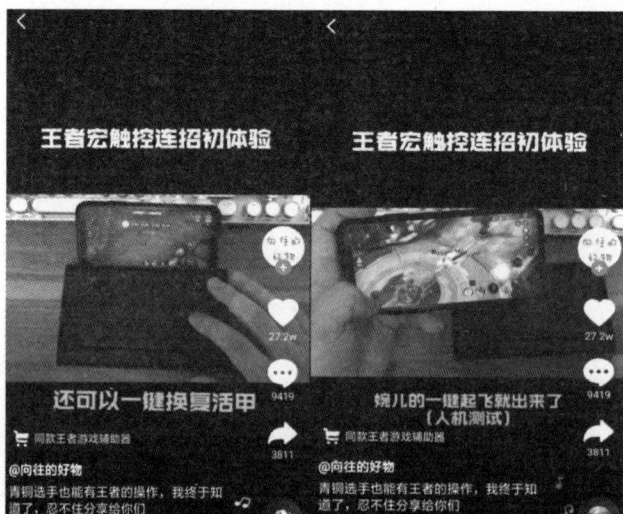

图5-2　王者游戏辅助器

③把消费者带到"现场"

画面感，是衡量一个故事型标题是否有吸引力的重要标准。一个有画面感的文案标题能把消费者带到产品生产、使用的"现场"，让他们产生亲眼所见的感觉。我们在写这样有画面感的标题时，要多用动词和短句，将抽象的场景和概念具体化，让文字鲜活起来。

下面这则蚂蚁金服的文案就非常有画面感：

【案例八：他开了家深夜面馆，用地道的重庆辣子安慰下班的人，即使他们忘带现金——蚂蚁金服】

这则文案截取了故事中的一段，并用生动朴实的描写向消费者展现了一个场景、一个画面。

如果我们在写文案标题时找不到好的切入点，不妨从故事入手，从品牌的文化传承、书籍和典故、创业和奋斗的经历、产品的生产过程、产品的使用场景中挖掘好故事。然后再用制造悬念、设置冲突和带入现场的方法来呈现故事，让消费者在不知不觉中被感染、被打动，进而阅读正文、购买产品。

5.4　短而有力，六个技巧教你控干标题里的"水分"

如果仅就文字的短小精悍来讲，电报绝对排在第一位。在没有电话以前，电报作为即时通信工具收费是很贵的，可谓"一字重金"。所以，发电报的人会把内容精简到不能再精简为止，力图用最短的文字把意思说清楚。

文案标题和电报是同样的道理。标题的每一个字都应该是精华，每一个标点符号都应该用得恰如其分。尤其是在卖货文案里，标题要不偏不倚地触及消费者的内心，触发消费诉求。

不管什么类型的文案标题，比如抖音文案、淘宝文案、自媒体文案，切忌长篇大论，否则，哪怕你妙笔生花，也不过是一段无用的文字堆砌。不能吸引消费者，再美的文案也只不过是几个华丽的辞藻。

说到这里，可能很多文案人会说：这很简单，无非就是在写文案标题时简明扼要。

如果你这样理解，就大错特错了。

电报追求的是内容明白，能看懂就行；而文案标题追求的是短而有力，短是指文字少，有力则是指能够触动消费者的内心，这就要求文案人在用词上精心打磨、控干标题里多余的"水分"。

下面几个案例可以很好地诠释什么是"短而有力"的文案标题。

【案例一：错过的人，如何挽回——会"占卜"的奶茶】

"答案奶茶"是一款号称会"占卜"的奶茶。当你买到一杯奶茶并在腰封上写下你想问的问题时，你只需要拧开瓶盖，就可以找到答案。关于"答案奶茶"，在抖音上有许多非常火爆的视频，这些视频的标题都非常简短、吸睛，堪称经典卖货文案。

其中有一条抖音的标题是这样的："错过的人，如何挽回？"

短短八个字，瞬间能引发消费者内心的共鸣，而拧开瓶盖后的回答也是恰到好处，再配上音乐的渲染，于是该视频一经推出就获赞无数。大家在感同身受的同时，也深深地记住了这个奶茶品牌。这便是短而有力的好标题的无穷魅力。

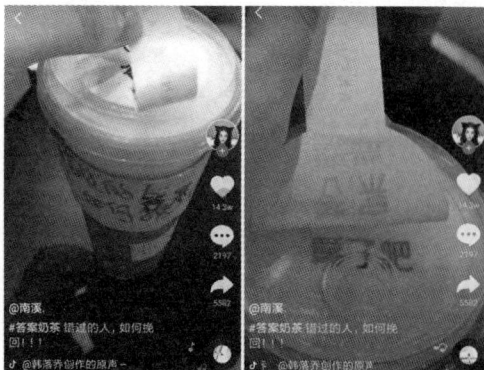

图5-3 "答案奶茶"的抖音文案

【案例二：再小的个体也有自己的品牌——微信】

这是当年微信推出时的文案，也被奉为业内的经典神作。

在纸媒兴盛的时代，一般人是很难有发表作品的机会的，文学创作是一小部分人特有的权利，而众多的写作高手就算是有创意也得不到认可。举一个最简单的例子：如果编辑不认可你的文字，那么你写的作品只能留给自己看。

而在自媒体时代，任何人都可以随时随地发表自己的创作，无需看别人的眼色。微信公众号就是这样一个自由的平台，它强调个体的自由，让所有人都可以成为自己的"品牌"。

"再小的个体也有自己的品牌"，这个文案的字数不多，却能一下子抓住大家心中的梦想。谁不想拥有一个属于自己的IP呢？所以这是一条绝佳的文案。

【案例三：致那些使用我们竞争对手产品的人，父亲节快乐——杜蕾斯】

我们都知道杜蕾斯的文案在业界有口皆碑，但是避孕套本身是一个并不好写文案的产品。比如，使用避孕套的人都有一些共同的心理，追求私密性、不想"过父亲节"等。

杜蕾斯用一句话就拐弯抹角地抹黑了所有对手，还巧妙地将自家产品的质量优势放大，而且任何看到这则文案的人都找不到一个涉及私密性的字眼。如此文案，无形之中就让人记住了它的调侃意味，而且会由衷地会心一笑。

以上就是短而有力的文案标题的优秀案例，词简而意丰，无限的情感浓缩进有限的文字，给人回味和想象的空间。

分析众多成功的文案你会发现，优秀的文案从来不指望把所有的信息都传递给客户，他们只抓其中的一个重点。产品的信息很多，其中有产品的特性、销售信息、产品精神等，你不可能把所有的信息一股脑全抛出去，这样做只会引起消费者的反感。如果所有的信息都堆积在一起，反而会找不出重点。

就像上一条杜蕾斯的文案，它只强调一点：质量优势。仅此一条，在文案中完美体现出来就好。一条文案，只对应一个重点。

写文案标题应该抱着这样的想法：以最小的成本得到最大的收益。要像"点穴"一样，找到能管住全身的那个"死穴"，重点发力，一击必中。而想要精简文案标题，练成"点穴"神功，只需做到以下两步。

◆ 找准消费者定位，抓住关键词

在恋爱中我们常说，最好的结果就是在对的时间遇到对的人。什么是对的时间遇到对的人？就是彼此各种诉求都恰好定位在一条水平线上，或者相差不大。你不能渴求价值观相差很大的两个人能聊得到一起去，就像你不能指望你的文案标题去打动对产品没有诉求的人。而文案，就是在对的时间用对的标题恰好表达出消费者的诉求。

常言道："兵贵精不贵多"，一个优秀的文案标题就是一句能切中消费者诉求的一句话，它胜过千言万语的解说。比如：

【案例四：汉服出行，教大家一个拍摄汉服小哥哥小姐姐的小技巧——某原创汉服】

这一短视频文案标题定位是"拍摄穿汉服人员的教学"，关键词就是"汉服""拍摄"，将汉服与拍摄结合起来，针对的粉丝群体是喜爱汉服与喜爱摄影的人群。

虽然汉服越来越普及，但它依旧是一个小众的消费需求。直接用"汉服与摄影"这一清晰的定位，吸引了大量有相同爱好的粉丝关注，获得了较多点赞量和评论量。由于定位准确，能够快速引导粉丝进入橱窗下单。

由此可见，抓住消费者定位，找准关键词，便能直击消费者痛点，促使产品的引流变现目标的达成。

◆ 抽丝剥茧，控干水分

文案标题应该表达出产品最想传递给消费者的信息，且信息量不宜过多、过杂，否则结果只有一个，就是所有信息都被淹没，消费者什么信息都没有接收到。

因此，一则吸引消费者注意力的好标题，一定要精简、精简、再精简。

原标题：

✘挑战行业底线零基础就业班，本周只需5000元！——告别10000元以上的高价培训，勇于挑战自身的潜力，职业道路上不再坎坷！

修改后：

☑挑战行业底线零基础就业班！——告别万元培训，本周只需5000元！挑战潜力，职业路上不坎坷。

前后对比，很明显，修改后的句式不仅更容易被人记住，排版也更美观。

其实，文案标题控干水分并不难，只要你掌握了下面四种技巧，就能把标题写得短小精悍。

①减掉一切不必要的文字：精简，再精简

原标题：

✘女子在朋友圈辱骂朋友被起诉，结果法院判她在朋友圈向朋友道歉3天，赔偿5000元。

修改后：

☑女子在朋友圈辱骂朋友遭起诉，法院判其在朋友圈道歉3天，赔偿5000元。

两个标题传达的意思是一样的，但是对比起来，修改后的标题比原标题更简练。

②只保留关键词

原标题：

✘旅游是一件很快乐的事，仅需3500元就能玩得痛快，包住宿2天3夜游海南。

修改后：

☑3500元，2天3夜畅游海南！

原标题的关键词是什么？旅游、3500元、2天3夜、海南。提炼出关键词之后，把无关的修饰词、文字删掉，就如同本小段的标题一样——只保留关键词。

③用特定句式，让文案读起来更顺口

原标题：

✖让流利的口语点亮你的未来。

修改后：

☑多一种语言，多一种人生。

☑学好语言，高薪工作不是梦。

原标题是完整的长句，第一种修改方式是把长句改成对仗句式，读起来更朗朗上口；第二种修改方式是把长句变成长短句式，读起来更有力。

④删掉一切重复性的词语

原标题：

✖2019新款春装韩版潮女毛衣女装韩版百搭纯色毛衣女装全棉针织衫。

修改后：

☑2019新款春装韩版潮女百搭全棉针织衫。

这是一组标准的电商商品页标题，原标题如果作为产品标题也没有问题。按照平台规则，尽可能多地使用相关关键词能提高产品被搜索到的几率。可是如果把原标题作为宣传用的文案标题，这段话连语句通顺都做不到，更不会有人喜欢读这样一段磕磕绊绊的话。

作为文案人，你需要把原标题中出现的重复词语删除优化，最终得出一句通顺的语句。

⑤为长句断句

原标题：

✖武汉周黑鸭的VIP客户可以免费领取价值100元的代金券，还不快来？

修改后：

☑免费吃鸭脖！点击领取100元代金券，仅限武汉的VIP客户。

断句是为了加强记忆，这个时候，适当给长句断句，把标题中的不同条件独立出来，使人记忆深刻，一目了然。

时代在发展，文案的竞争也越来越激烈。在纸媒时代，一篇文章的标题只需要竞争过同一版面的对手，就能获得读者的青睐；而在 PC 时代，人们获取信息的速度大大加快，同一类型的标题，在同屏网页上往往需要同几十个竞争者争夺；可是在抖音时代，文案的竞争何止几十，稍不注意就被用户轻松滑走。

根据抖音的数据显示，抖音用户在短视频的选择上，停留时间只有两秒。如果两秒钟没有吸引用户，你的内容就会被滑走，移动互联网的用户不会在没有兴趣的内容上浪费时间。两秒能看多少内容？当然是文案标题。所以文案标题会成为吸睛的重点要素之一。

我们的卖货文案，既要像电报一样简洁明了，也要让消费者看起来不生硬、读起来富有情感；还要找准消费者的定位，在核心诉求上发力，挤干多余的"水分"，用关键词打动消费者的内心，促其消费。

5.5　10个修辞方法，写出文案标题金句

假如你是一位推销员，要在一分钟内向顾客推销一件产品，能不能成功吸引客户，取决于你的短短几句话。写文案也是同样的道理，一篇文案能不能吸引消费者看下去，关键就在于标题。如果文案的标题寡淡无味，消费者根本不会有兴趣看正文。所以，我们要想办法把文案的标题打造成金句，让消费者产生阅读和传播的兴趣。

在本章的前几节中，我们已经从消费者心理和产品卖点方面探讨了文案

标题的写法，在本节中，笔者将从文学修辞的角度来谈谈如何写出标题金句。下面为大家整理出了10种写标题金句的方法。

◆ 对仗

这种修辞方法常用于歌词和诗歌，前后不仅要字数一样、结构相同，还要注意押韵。比如，小米手机和 Keep APP 的文案：

☑一面科技，一面艺术——小米

☑自律给我自由——Keep APP

这类文案标题的最大特点就是结构对称，读起来朗朗上口。

◆ 比喻

比喻分为明喻和暗喻，明喻的表达方式很直接，通常是"××像××""和××一样""如同×××"等形式，而暗喻则比较隐晦，需要消费者自己去联想。

印度文案大师 Freddy Birdy 为"关注孤寡老人"公益广告撰写的文案标题就是典型的明喻：

☑有时，孤独跟关节炎一样痛——关注孤寡老人公益广告

这则文案标题把孤寡老人的孤独比作关节炎，我们都知道关节炎是一种很难治愈的顽疾，而且会给人带来很大的痛苦，文案大师 Freddy Birdy 通过这种比喻成功唤起了人们对孤寡老人的同情和关怀。

杜蕾斯的文案就运用了暗喻的手法，十分引人遐想。

☑无论多少次突破你的禁区，还想再进去——杜蕾斯

◆ 拟人

拟人就是把产品人格化，让它们具有和人一样的感情和行为。拟人是很多广告文案常用的招数，我们在文案标题中也可以运用。比如，诚品西门店520特卖的文案标题就运用了精彩的拟人手法：

【案例一：夏天在5月20日，推翻了春天的政权——诚品西门店520特卖】

这则由著名广告人李欣频撰写的经典文案全文如下：

"迷你裙在艳阳下示威，凉鞋在鞋架上联署完毕，泳衣主张解散毛衣，衣柜要求全面改选，有心人士借着流行的路线之争、发起品牌的阶级革命，防晒油则忙着制定夏季革新时间表。价格悬挂布条揭竿而起，泰迪熊出来拥抱群众，999项新品在西门店前集会游行，夏天在 5 月 20 日，推翻了春天的政权。"

我们可以看到，不仅标题运用了拟人手法，正文中也运用了拟人手法。这则文案写于十多年前，即便现在看来依然新颖有趣，丝毫没有过时，可见经典文案的魅力是超越时间的。

◆ 拟物

拟物的写作手法可以分为三种，第一种是把人比作物品，第二种是把一个物体比作另一个物体，第三种是把抽象概念具象化，并将其比作某种事物。以下三则文案标题都运用了拟物的写作手法。

把"家"这个抽象概念比作"馋"：

☑ 家，是我们一辈子的馋——2018春晚公益广告"家香家乡"

把人生比作冷笑话：

☑ 人生是个冷笑话——KFC&薛之谦

把记忆比作下酒菜：

☑ 我们那些共同的记忆，是最好的下酒菜——江小白

◆ 神转折

神转折可以理解为说反话，或者制造反转效果，让消费者产生意想不到的感觉。我们可以制造矛盾，也可以把反义词配对制造对比效果，还可以把相反的观点进行对照，以加强标题的感染力。比如，钉钉的文案标题：

☑ 在车里哭完，笑着走进办公室——钉钉

◆ 排比

排比就是把意思相关、结构相似、语气一致的多个句子或段落排列在一起，达到加强语气、渲染情绪的效果。在著名广告人李欣频为"1998 年诚

品商场春季特卖"撰写的文案中，不仅标题运用了排比，整篇文案都是排比句，并用了近30个词汇去形容"白"。

【案例二：云的白，轻的白，鸟羽的白，梦境的白，"白"感交集的春天，"白"无禁忌——诚品商场春季特卖文案标题】

这则经典文案的正文是这样的：

"霜白，雪白，冬天北极狐的白；川久保玲'没有存在'的白，基耶斯洛夫斯基情迷的白，波西米亚颓废的白；云的白，轻的白，鸟羽的白，梦境的白；洁癖的白，不贪污的白，痛恨有颜色暴力的白，用过防晒油的白；与黑对比的白，所有光混合的白，极限主义的白；玉的白，灵性的白，香槟白，大曲茅台有酒意的白；简单的白，勾描不上色的白，五四运动口语化的白；智慧华发的白，真相的白，不想有瑕疵的留白。白色是一种没有重量，可以飞的幸福；世纪末无色调风华，百件春品，'白'感交集！ 1998年3月6日至4月5日，诚品商场春品上市，请您开始'白'无禁忌！"

读完这篇文案的标题和文案，消费者的脑海中一定会产生各种画面和情绪，而且会在情绪的作用下对商场特卖产生期待。

◆ 重复

重复，就是在写作时反复使用某个词语或句子，以达到强调和加强语气的目的。我们可以用"反而""就是""没有……才有……""因为……所以"等关联词来连接重复的词语和句子，比如，

☑没有意义会不会反而有意义？

或者用意思相近的两个词来表示强调，比如，

☑你真的确定你知道吗？——知乎

又或者多次重复某个字，来引起消费者的注意，比如，

☑恒源祥，羊羊羊！恒源祥，鼠鼠鼠！恒源祥，牛牛牛！——恒源祥

◆ 巧用方言

方言给人接地气的感觉，能很快拉近产品和消费者之间的距离。雀巢咖

啡就把自己的文案"喝杯咖啡再说"转换成了多种方言，比如：

☑ 东北话版：整杯咖啡再唠

☑ 广东话版：饮杯野先倾

☑ 四川话版：嚯被咖啡再嗦

图5-4 雀巢咖啡方言海报

◆ 换个方式来表达

有时候，同样的意思，如果换个方式来表达，可能会产生完全不同的效果。"我爱你"这句话就可以用多种表达方式来表达，比如，

☑ "扎心"版：我养你啊。

☑ 文艺版：天青色等烟雨，而我在等你。

☑ 接地气版：当我说"你吃饭了吗"，我说的是"我好想你啊"。

☑ 含蓄版：今晚月色真美。

◆ 一语双关

一语双关，是指在特定的语境中，利用"一词多义"或者"异字同音"的手法，让一句话拥有两种意思，达到"言在此而意在彼"的效果。比如，西瓜视频年度短片的标题：

【案例三：拍拍自己，继续向前——西瓜视频年度短片】

这个短片记录了四位年轻人从迷茫到逆袭的全过程，内容十分励志。而视频标题中的"拍拍自己"则一语双关，既表示拍摄记录自己的逆袭过程，也表示出对自己的鼓励和期许。

　　以上这些写作方法都可以运用到文案标题的创作中，只要你愿意当一个有心人，在平常的生活中多收集素材、多观察、多思考，并灵活运用各种写作技巧，就一定能写出属于自己的标题金句。

第6章

写开头：
悬念式开头，抢占用户注意力

────────────────

　　俗话说：好的开端是成功的一半，把这个道理运用到文案上同样适合。在文案中，"开头"相当于文案的"第二标题"，一方面，它担负着承上启下的重要作用；另一方面，它也是抢占消费者注意力、吸引消费者关注、让消费者愿意花时间继续阅读文案的关键。

6.1 巧设悬念，引发用户的好奇心和探索欲

一位著名的文案大师曾说过这样一句话：

"写文案的目的，就是让人在阅读完我的开头之后，阅读第一句话、第二句话、第三句话，直到阅读完最后一句话。"

通过这句话，我们可以看出文案开头的重要性。在文案中，"开头"相当于文案的"第二标题"，除了起到承上启下的作用，还能够在消费者失去耐心前重新激发读者的耐心和注意力，让消费者愿意花时间继续往下看。比如，

【案例一：市场上有那么多卸妆水，为什么xx牌还能一上市就卖脱销？】

这个文案的开头没有多余的产品描述，直接说出了产品销量高的特点，这样就能让消费者产生疑问，为什么这个产品有如此高的销量，是否比其他同行业产品性比价更高等问题，继而让消费者跟随文案的节奏，对产品产生购买欲望。

所以，好的文案开头能够第一时间吸引消费者的目光，激发消费者继续阅读的欲望，让消费者对产品产生兴趣。

问题在于我们应该如何引发消费者的好奇心和探索欲？其实，悬念式开头就可以达到这个效果。什么是悬念式开头呢？这里有个例子，我们可以体会一下：

【案例二：大多数夫妻，为"谁洗碗"吵个不停，却不知道，人类早已经不需要洗碗了】

如果你是一个需要长期洗碗的人，看到了这句话，一定会急着想知道

"为什么人类已经不需要洗碗了"，这个文案在开头就成功制造了悬念，引发了消费者的好奇心和探索欲，然后会在下文中告诉消费者解决方案，吸引消费者一直看下去，这就是悬念式开头。

理解了这一点，对于掌握写文案的技巧有很大的帮助。

◆ **悬念式开头三大原则**

那么，我们究竟应该怎样去写悬念式开头呢？我们总结了三个原则：

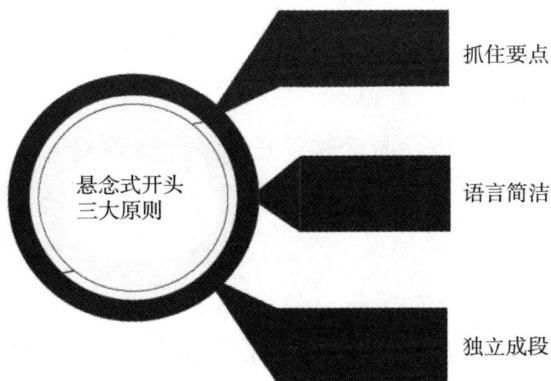

抓住要点

悬念式开头
三大原则

语言简洁

独立成段

图6-1　悬念式开头的三大原则

①抓住要点

很多文案写手在文案开头总是会做很多铺垫，这样并不能吸引读者的目光，从而让他们继续阅读下去。优秀的文案写手在一开始就能一剑封喉。

有个例子恰好说明了这一点，比如，

✘老板让员工安排会议，员工说："嗨，老板啊，老王他今天下午的会议来不了。小李的秘书说，小李明天晚点才能从国外赶回来。张姐说，她不介意晚一点开会，她觉得明天开也行，但是明天中午之前她没时间。还有，会议室明天被占用了，但是后天还没有占用。我觉得会议要不改到周四吧？你觉得呢？"

急性子老板听到这样讲，一定原地爆炸！

修改后，应该这么说：

☑ "经理，我建议把今天的会议改到后天，因为老王和小李今天来不

135

了，所以今天不行；会议室明天被占用，所以明天也不行；后天大家都能到场，而且有会议室。"

把核心的信息在第一位展示出来，这样就能让读者很容易抓住关键信息。因此，核心句一定要放在开头。下面这个事情正好说明了核心句子放在开头的作用。

如果你是某大学的一名学生兼记者，校长宣布：下周四，全体教职工将前往清华大学参加教学方法研讨会，会议的参与者还包括哈佛大学物理学教授凯文，芝加哥大学校长兼教育家罗伯特，中国著名教育家杜甫，中国古典文学家李白……要求是，让你拟出这则新闻的开头语。

合格的记者在报道新闻时必须抓住五要素，即何人、何时、何地、何事、何因。

于是你的答案是："芝加哥大学校长兼教育家罗伯特，哈佛大学物理学教授凯文，中国著名教育家杜甫，中国古典文学家李白，下周四前往北京，向清华大学全体师生发表讲话……"诸如此类。

这样的答案是正确的，但总觉得缺了点什么。

那么正确答案是什么呢？是一个让人意想不到却又在情理之中的答案：下周四不上课！

这个例子告诉我们，其实想要表达出关键信息，框架并不重要。只要我们理解了关键信息的意义所在，然后把它在文案的开头展示出来，这样我们的文案就成功了一半。

在这个时代，社会上充斥着各种各样的信息，人的精力是有限的，往往会自动过滤掉自己不喜欢或者不需要的信息。在你看到这的一秒钟内，大脑已经传送了数百万条信息，如果我们的文案不够吸引人，又怎么在这庞大的信息流中脱颖而出呢？因此，写文案事实上是一场争夺注意力的战斗，在文案开头先声夺人也就尤为重要。

②语言简洁

文案的开头应该像钉子一样，不管后面的内容是什么样的，前面的尖端部分都能够直切要点，然后通过这个点不断深入，我们就能让读者接受这个文案甚至喜欢上这个文案。

这里有两个例子，我们来体会一下有何不同：

【案例三：杰克·丹尼尔的田纳西威士忌，这个一个世纪前的获奖烈性酒品牌，到了20世纪50年代初期，却沦为一个极小的无赢利的品牌，美国市场上众多平庸的区域品牌中的一个。1955年，一家圣路易斯的广告公司以田纳西乡间酿酒厂朴素的寓言故事为基础，为杰克·丹尼尔发起了一次新的印刷广告运动，同时还为它建立了针对组织内部人关系的营销战略。十年之后，杰克·丹尼尔便成为全美最高端的威士忌和标志性的美国品牌。很快，杰克·丹尼尔就成为一家数十亿美元规模的企业，业务拓展至全球。】

【案例四：如果焊接不坚固，这辆车就会砸到作者身上。那就是我，紧张地躺在崭新的Volvo740车下。几年来，我一直在广告中吹嘘Volvo的每一个焊点，都足以承受整辆车的重量。有人认为我应该自己来验证我所说的话，于是，我们把车悬挂起来，我爬到了车子底下。】

经过对比，我们就能发现，第二个案例中精简的开头比第一个案例繁杂的文字叙述更容易让人看到文案的要点，也更容易吸引读者的注意力，让读者有耐心继续看下去。

因此，文案的开头一定要简单明了，直切要点，不要用冗长的文字叙述。

③独立成段

我们在进行文案写作时，除了要做到抓住要点、语言简洁外，还可以独立成段，让文案的开头成为一个独立的段落。

这样做的好处在于，可以让缺乏阅读兴趣的读者一眼就能看到文案的关键信息。此外，智能手机的普及让很多人都已经习惯在手机上阅读，独立成段可以减少读者在相对窄小的手机屏幕上阅读时的压力，而且独立的段落也能让这个开头更加有力。

说到这里，我们先来看一组对比案例：

✘如果你已经超过21岁，这个广告可能会惹到你。

这可能令你惊奇或者愤怒，也可能两者都有。它的内容会让你感到矛盾：一个不存钱的人，可以比一个辛苦存钱到65岁的人，获得更多的钱。让我们换种说法，这种观点其实是一种储蓄原则，正如它的兄弟——工作原则一样，其潜在哲学是：聪明的储蓄，胜过辛苦的储蓄。严格按照科学的方法来存钱是这种见解的关键。当你发现一种科学方法本身就可以赚钱时，它就比钱来得更重要了。

这是一个很经典的案例，当把它放在报纸上，让它在较大的版面上吸引读者的注意力很显然并没有什么问题。然而随着时代的发展，人们的阅读方式也发生了翻天覆地的变化，现在许多人都已经不看报纸了，而更习惯于看手机。但是这样密集的一段文字，如果放在手机页面上，很多人都会失去阅读的欲望。

为了适应消费者的阅读习惯，我们不妨做这样的修改：

☑如果你已经超过21岁，这个广告可能会惹到你。

这可能令你惊奇或者愤怒，也可能两者都有。

它的内容会让你感到矛盾：一个不存钱的人，可以比一个辛苦存钱到65岁的人，获得更多的钱。

让我们换种说法，这种观点其实是一种储蓄原则，正如它的兄弟——工作原则一样，其潜在哲学是：聪明的储蓄，胜过辛苦的储蓄。

严格按照科学的方法来存钱，是这种见解的关键。

当你发现一种科学方法，本身就可以赚钱时，它就比钱来得更重要了。

修改之后我们发现，虽然文字是一样的，但是由于分段，整个内容更加有条理了，也减少了读者阅读的压力，看起来舒服多了，独立成段的作用就体现于此。

◆ 如何留悬念

前文中的直切要点、语言简洁和独立成段，事实上都是文字表现方面的技巧，它们的最终作用是让开头留悬念。因为只有留了悬念，才能留住读者，让他们继续阅读下去。

那么，什么是留悬念呢？

其实留悬念的关键就是不要把话说完，也就是给读者一个不完整的信息，在开头把读者感兴趣的话题说一半，另一半放在文案的正文中。

说到这里，先来看一个案例：

☑我们大吃一惊！当我们打开新公司门的时候，认为大部分的顾客会是女人。毕竟，设计师设计的美丽内衣是一种女士无法抗拒的奢侈品。

这是一条关于女士内衣的文案，在这个文案中，开头第一句话就是"我们大吃一惊"，很多人看到这句话时都会想：为什么会大吃一惊呢？在接下来的内容中，文案也并没有对此做出解释，而只是说"大部分的顾客会是女人"，进一步吸引了读者的好奇心。

如果我们在一开始就给出完整的信息，那么效果将会大打折扣，比如，

✖我们大吃一惊，因为很多男士竟然来给女朋友挑选礼物了。

当我们打开新公司门的时候，认为大部分的顾客会是女人。毕竟，设计师设计的美丽内衣是一种女士无法抗拒的奢侈品。

消费者阅读了这个开头，因为得到了答案，对这个文案也就没有了继续往下看的欲望。

还可以先给出一个不被日常观念所接受的观点，引发读者的疑问以及探索欲，这样也能够让读者读完整篇文案。

事实上，普通消费者不会主动去看广告文案，人们不喜欢看广告是一个普遍现象，这是我们在写文案时必须了解的前提。因此，在文案的开头，用简洁的语言表达出关键信息，同时留下悬念、引发读者的好奇心和探索欲，这样才能吸引读者的兴趣，让他们继续阅读下去，从而达到文案应有的营销效果。

6.2 情境导入，在文案的开头创造一个故事

很多文案人可能都会有这样的经历：即使我想尽了办法来突出产品的特性，来吸引消费者的注意力，但消费者就是不感兴趣，根本不会往下读。这是因为站在消费者的角度，你只是在陈述一个与他们毫无关系的客观事实，他们并不会对这个事实产生兴趣。

这就意味着，要想让文案更好地吸引消费者的注意，就需要在文案的开头创造一个场景，带给消费者感同身受和身临其境的感觉，我们把这个过程就称之为情境导入。通常，情境导入的最好办法就是在文章开头讲一个好故事，让消费者不自觉地把自己代入这个故事中，得到心理满足的同时与产品产生联系，从而达到营销效果。

◆ 如何才算是一个好故事

那么，什么样的故事才算是一个好故事呢？一般来说，好故事都会满足两个条件：贴近生活和充满细节。

①贴近生活

怎样理解贴近生活呢？很简单，只要这个故事给人的感觉是自己或者身边的人正在经历或者已经经历过的事情，我们就可以认为它是贴近生活的。通常，在写故事的时候，为了更好地贴近生活，最好是以第一人称的角度来引出这个故事。比如，

【案例一：聚美优品的经典广告】

你只闻到我的香水，却没看到我的汗水。

你有你的规则，我有我的选择。

你否定我的现在，我决定我的未来。

你嘲笑我一无所有、不配去爱，我可怜你总是等待。

你可以轻视我们的年轻，我们会证明这是谁的时代。

梦想，是注定孤独的旅行，路上少不了质疑和嘲笑，但那又怎样。哪怕遍体鳞伤，也要活得漂亮。

我是陈欧，我为自己代言。

相信很多年轻人在看到这个文案的时候内心都会有所触动。质疑、嘲笑、孤独，这不正是许多年轻人正在经历的吗？这些简单的词语，让读者产生了情感上的共鸣。整个文案并没有提到产品，但是已经不知不觉地拉近了消费者和品牌之间的距离。

②充满细节

在故事型文案中，细节描述会让故事更加生动，读者也会因为细节而被带入你所描述的场景，从而认同文案传递的内容。

问题在于我们应该怎样去把握好细节呢？

其实，处理好细节并没有想象中的那么难。在我们刚接触作文时，我们就已经开始学会处理细节了。比如，我们经常会在场景中加入描述时间、地点、天气、人物的词语，例如，凌晨、夜晚、阴沉沉、阳光明媚、破旧的街边书店、头上绑着蝴蝶结的小女孩、洗得发白的牛仔裤等。

我们在尝试故事型文案开头的时候，可以在场景中加入类似的细节描写，这样就能让故事更生动，故事主人公的性格也会更丰满，这样写出来的故事才有感染力，才能吸引用户。

先来看一个案例。

【案例二：晚上10点的地铁上，一位男子疲惫地坐在椅子上】

这句话背后隐藏着很多细节：这个时间点，对于多数上班族来说是早还是晚？外面的天气如何？地铁里有多少人？这个人坐在椅子上的状态是什么样的，很轻松还是很疲惫？他是低头看手机，还是闭着眼睛？他走进地铁的步子是沉稳有力，还是很费力？

如果我们补充了这些细节，比如加班、生活的压力、工作上的不顺心等等，这也正是大多数人的生活写照，这个人的形象就会更加立体，一个承受着较大生活压力的上班族形象也就跃然纸上。细节的加入会让故事更鲜活，更容易让用户继续阅读下去。

总之，无论是贴近生活还是充满细节，都属于文字技巧，也都是一个好故事的标准。在进行文案写作的时候，如果我们能够在开头进行情景导入，创造出一个贴近生活、充满细节的故事，那么我们就能更好地抓住消费者的注意力。

◆ 怎样写出有故事感的文案开头

说到这里，许多人可能又会产生出这样的疑问：怎样才能写出有故事感的文案开头呢？

在传统的思维里，讲故事常见的方法就是构建一个框架，然后根据框架来完善内容以及相关的细节。然而，这一方法在商业文案里却并不适用，因为商业文案的篇幅往往是有限的，没有多余的篇幅来讲一个完整的故事。这就要求我们在文案的开头就必须进入角色，找到故事最吸引人的部分。

要做到这一点，可以参考以下方法。

①洞察锐度：找准消费者痛点

一个故事如果平平淡淡，既没有跌宕起伏的情节，也没有打动人心的感情，又怎么能在众多的文案中吸引用户的注意力？而一个有锐度的故事，则可以赋予文案穿透力，让文案像钉子一样短促有力，戳中消费者的痛点。

所以，写出有故事感开头的关键一点就是要有锐度。那么，什么样的故事，才具有锐度呢？我们一起通过一个案例来了解一下：

✘Lily，25岁，健身365天，甩掉20公斤。

☑Lily，25岁：

2016年体重70公斤，绰号"胖妞"；

2017年体重50公斤，人称"女神"。

两者相对比，虽然第一个文案已经具备了故事的要素，但是相比于第二个文案却少了能刺痛用户的点，即肥胖会对人际交往产生不利影响。由此我们可以总结得出，所谓的有锐度的故事文案开头，就是文案开头能找到消费者的痛点，引发消费者的共鸣。

当我们做到了在文案的开头就创造一个能准确描述消费者痛点的故事，让消费者产生一种想法：这说的不就是我吗？然后再在下文说出解决方案，这样消费者就会被故事深深地吸引，我们的文案就成功了一半。

②利用"原型"：促进用户产生共鸣

这世界上的故事多如泥沙，但是绝大多数故事都是从"原型"演绎变化而来的。因此，我们在撰写故事型文案开头时，也可以利用某些"原型"来引发用户的共鸣。

什么是"原型"呢？

一名心理学家说过，它是一种记忆蕴藏，一种印迹或记忆痕迹，是某些不断发生的心理体验的沉淀。每一个原始意象中都有着人类精神和人类命运的一块碎片，有着在我们祖先的历史中重复了无数次的快乐和悲哀的一点残余。

原型理论运用在故事写作层面最典型的例子，就是无数屌丝逆袭的故事，其"原型"实际上来自"大卫与歌里亚"的故事，牧童大卫用投石弹弓击中了力量无穷的巨人歌里亚，并割下其首级，这种以小博大、以弱胜强的故事在后世中不断被演绎，人们百看不厌。

利用"原型"创作故事的优点在于，它比其他故事更容易激发用户的兴趣，因为用户心理上原本就存在类似的情感经验沉淀，因此很容易被这种故事打动，尤其是小人物逆袭的故事。

为什么这样说？因为在现实生活中，大多数人都是普通人，每天为了生活而烦恼，上班族拿着不多不少的工资，背负着房贷车贷勉强生活，很多学生也不知道自己将来毕业了要做些什么，在这样的环境下，小人物逆袭的故事就成为很多人的励志能量来源，这也是励志文永不过时的原因。

所以，小人物逆袭的故事非常适合放在文案开头吸引读者阅读。当然，除了逆袭，我们也可以根据其他"原型"创作出一些好的故事来吸引消费者。

③反差设定：卸下平庸的枷锁

一个正常工作的程序员和一个背着粉色小包的文身大汉，谁会更吸引人的注意力呢？很明显，答案是后者，这是因为，相比于前者，后者更具有"反差萌"。

通常，反差所带来的萌感、惊喜，可以让故事型文案开头更富有乐趣。现在社会上充斥着各种各样的营销信息，平庸的文案会被人们自动忽略，别具一格的故事才会引起人们的注意。比如，

【案例三：某别墅项目文案】

张局长，膀大腰圆，声如洪钟，都说他长得像一座铁塔，可是，哎，就是太白！

阮经理，常常在会议桌上拍案而起，怒目圆睁，气势逼人，但……啧啧，就是太白！

这是文案的开头，用了几个词语就生动形象地描绘出了人物的性格特点，而且还存在较大的反差，以他们在职场上的硬汉形象与皮肤白皙的阴柔感作对比，引出海边别墅能够带给他们一些改变，其核心信息有"助你更黑"之意。

除此之外，还有很多故事型文案的开头也使用了反差的技巧，比如，创办了旅游杂志自己却弄丢旅行护照、倡导取消宠物安乐死但自家的宠物差点离家出走、有骨气却患有骨质疏松等，这种严肃、宏大与逗比、生活化的反差对比，能够使故事中的人物更加鲜活，也更容易引起人们的讨论和传播。

④情绪诱饵：扣动用户情绪的扳机

低水平的文案讲道理，高水平的文案讲故事。故事的优点在于它能够让用户在阅读文案时产生代入感，让文案引导消费者的情绪变化。如果产品和

品牌倾向于用情感来说服消费者，那么故事可以说是最好的选择。

那么，怎样的故事才能够打动消费者呢？其实，真实的情绪就是最好的诱饵。

国外的文案就非常善于用故事中的情绪来感染消费者，比如，

【案例四：华芝士父亲节经典文案】

因为我已经认识了你一生，

因为一辆红色的RUDGE自行车曾经使我成为街上最幸福的男孩，

因为你允许我在草坪上玩蟋蟀，

因为你的支票本在我的支持下总是很忙碌，

因为我们的房子里总是充满书和笑声，

因为你付出无数个星期六的早晨来看一个小男孩玩橄榄球，

因为你坐在桌前工作而我躺在床上睡觉的无数个夜晚，

因为你从不谈论鸟类和蜜蜂来使我难堪，

因为我知道你的皮夹中有一张褪了色的关于我获得奖学金的剪报，

因为你总是让我把鞋跟擦得和鞋尖一样亮，

因为你已经38次记住了我的生日，甚至比38次更多，

因为我们见面时你依然拥抱我，

因为你依然为妈妈买花，

因为你有比实际年龄更多的白发，而我知道是谁帮助它们生长出来，

因为你是一位了不起的爷爷，

因为你让我的妻子感到她是这个家庭的一员，

因为我上一次请你吃饭时你还是想去麦当劳，

因为在我需要时，你总会在我的身边，

因为你允许我犯自己的错误，而从没有一次说"让我告诉你怎么做"，

因为你依然假装只在阅读时才需要眼镜，

因为我没有像我应该的那样经常说谢谢你，

因为今天是父亲节，

因为假如你不值得送CHIVAS REGAL这样的礼物，

还有谁值得？

这个故事里没有完整的情节，从第一句话开始就进行了情景导入，描述的都是生活中的琐事。但是当我们读完，就能发现那种一点一滴积累起来的父爱，能让我们或多或少地想起自己与父亲相处时的情景。

由此可见，在进行文案创作时，如果我们能够在文案的开头就通过情境导入放置情绪的诱饵，那么我们创作出来的文案就更容易引起消费者内心的情绪波动。而当我们通过故事中的情感走进消费者的内心时，再引导他们消费就很容易了。

总之，故事是营销的精美包装，如果在文案的开头，我们就能创造出一个故事，那么，我们也就获得了打开消费者内心的钥匙。找到用户的痛点、对"原型"的恰当利用、反差人设的设定以及真实的情感诱饵，这些技巧都是能让我们的文案开头更具有故事性的有效方法。

6.3　抓住心理，把握人性弱点

在前文中，已经给大家介绍了巧设悬念和情境导入两种文案开头写作方法。那么在本节的内容中，本人将继续为大家介绍文案开头的第三种实用方法：从用户的心理出发，把握人性的弱点，是消费者的深层次需求和欲望，给消费者留下深刻印象，从而让消费者产生购买的欲望和冲动。

这里的消费者心理，主要可以分为五类——好奇心理、从众心理、好奇心理、恐惧心理、虚荣心理。下面将一一为大家介绍。

◆ 好奇心理——追求新颖奇特，有强烈探索欲望

在现实生活中，我们总是容易被一些新颖、独特的事物吸引，而且会有

强烈的探索欲，而一旦我们的这种探索欲得到了满足，那么我们就会获得感觉上的愉悦和满足。

这就意味着，好奇心人人都有，它存在于每个消费者的心里。在进行文案创作的时候，如果我们能充分利用消费者的这种好奇心理，在文案的开头制造适当的悬念，或者是用暗喻的方式给读者留下大片的想象空间，让读者发挥自己的想象力，那么我们就能很好地激发消费者的探索欲，让他们产生阅读下文的欲望，从而更好地达到宣传产品的效果。

在这个方面，长城葡萄酒就为我们做出了很好的示范。

【案例一：十年间，世界发生了什么？——长城葡萄酒文案】

长城葡萄酒的这则文案采用了一个疑问句作为开头，在让消费者产生好奇的同时，也给消费者留下了无限的想象空间。通常，当消费者在看到这句话后，往往已经在脑海中筛选了一遍十年间发生的大事件，而为了印证自己的猜测是否正确，他们就会迫不及待地看完文案。

◆ 从众心理——行为倾向多数人，变压力为动力

从众是指个人的观念与行为由于群体的引导和压力，不知不觉或不由自主地与多数人保持一致，把群体影响产生的压力变为行为的动力的社会心理现象。

从众是一种普遍的心理现象，最新的苹果手机发布后，看见别人购买了，你也会购买；房子选家具时，朋友告诉你他们用的是什么品牌，并且跟你说他的其他朋友也在用这个品牌，那么你就会产生"大家都在用这个，那我也试试"的心理，此时你购买这个产品的概率就会大大增加……可以说，在日常消费中，从众消费的例子数不胜数。

从众心理同样也可以用在文案开头的创作上。从本质上来说，人们往往会因为对偏离的恐惧以及群体凝聚力的需要而选择从众，这就意味着，对于文案而言，能表现出群体认同或者群体肯定的开头，往往更容易得到消费者的信任，并激发消费者的购买欲望。

关于这一点，著名短篇小说《小王子》的营销文案为我们做出了很好的

示范。

【案例二：全球销量超过2亿册——《小王子》营销文案】

在《小王子》的文案中，开篇就抛出了"全球销量超过 2 亿册"这句话，而通过这句话，就能够很好地传递出这本书销量高、阅读群体庞大的信息。在从众心理的影响下，当接收到这一信息后，消费者往往也会按捺不住地产生购买的冲动。

从这个案例中我们可以看出，利用从众心理写文案开头，往往能给读者一种压力，即其他人都用了这个产品，你不买是不是不合群呢？此时，大多数读者为了获得群体的认同感都会选择从众，将这种压力转化为动力，从而购买产品。

在生活中，常见的利用从众心理的文案开头，除了用具体数据来表现群体影响外，也会采用比较含蓄的表达方式，比如百事可乐文案"年轻一代的选择"，就能传递出一种"年轻人都在喝可乐，你没喝过，那就落伍了"的信息，从而引导消费者去进行购买，这同样也是利用了用户的从众心理。

◆ 情感心理——以情动人，刻骨铭心

每个人都有情感需求，都渴望在情感中获得满足，比如，渴望拥有纯洁的爱情、美好的亲情和友情；渴望得到爱人、家人以及朋友的认同和理解等。情感的作用是强大的，毫不夸张地说，在进行文案创作的过程中，如果我们能够找到消费者的情感需求，那么我们无疑就找到了打开消费者内心、促进消费者购买的钥匙。

从这个角度来说，利用消费者的情感心理，触碰消费者内心的柔软点，勾起消费者对相关情感的记忆和向往，也是撰写文案开头的一个重要方法，这种文案开头的优势便在于能够充分引发消费者情感上的共鸣，从而迅速拉近产品与消费者之间的距离。

◆ 恐惧心理——极度害怕的状态，唤醒危机意识

恐惧心理指的是人们会对某些事物或者特殊情境产生害怕情绪，这种心

理会促使人们实施某些行为来对抗或者减轻这种心理状态。比如，人们因为害怕家中被盗，所以会购买安装防盗锁；因为害怕肥胖，所以会节食减肥购买减肥产品等。

利用恐惧心理进行创作也是写文案开头的一种常见方法。具体来说，这种方式强调的就是通过唤醒用户心中的恐惧，来制造压力和危机感，以期他们能够做出某种行为来改变这种心理状态，也就是引导他们购买产品，来解决或者预防这种危机。

在这一点上，某英语培训班的广告文案为我们做出了很好的示范。

【案例三：现在有一份月薪三万，但要会英文的工作，你只好扼腕叹息——某英语培训班广告文案】

在这则文案中，开篇便直接点出了如果英语不好，那么就可能会失去一份月薪三万的工作的现实。通过这个现实，就能够很好地激发出消费者的恐惧心理，从而让消费者产生购买英语培训课程、防患于未然的想法，以达到刺激消费的目的。

◆ 虚荣心理——人性的弱点，顺从并迎合它

所谓的虚荣心理，就是指人们为了获得别人的关注或者赞美而表现出来的一种不正常的社会情感和心理状态，主要表现为盲目攀比、好大喜功、过分看重别人的评价、自我表现欲太强、有强烈的嫉妒心等。

事实上，尽管虚荣是一种性格缺陷，但几乎每个人都或多或少的存在这种心理。尤其是在物质丰富的现代生活中，当人们的基本物质生活条件被满足后，许多人就会追求精神上的需求，这其中当然也就包含了满足虚荣心的需求，比如，女人喜欢美丽的容貌、首饰、名牌包，而男人则追求事业、房车、名誉等。

因此，在文案开头的写作中，我们便可以充分利用消费者的这种虚荣心理，让他们享受到所期待的优越感，来满足他们的虚荣心。

【案例四：不是所有牛奶，都来自上天偏爱的北纬40度……不是所有牛奶都叫特仑苏——特仑苏】

3000 小时的和煦阳光、雨水充沛的暖湿季风性气候造就的优质草原，一万头精选自世界四大洲的良种乳牛，再加上先进的科技，让特仑苏牛奶成为牛奶中的"贵族"。通过描述特仑苏的独特、优质来吸引消费者的同时，也向消费者传递出这样的观念：喝特仑苏牛奶的人都是对健康生活有追求的人，都是追求高品质的人。

这样的潜层意思的表达，会激起消费者的"虚荣心"，让消费者认为"想我这样追求高品质的人，就应该购买这样优质的牛奶"。消费者会因为这样一句文案便去购买特仑苏，来表达自己的品位与对高品质生活的追求。

第7章

写正文：
说中痛点，收获用户购买欲

正文是文案的精华，也是文案人展示文案功底、刺激用户消费的关键。一个好的正文，一定要能戳中消费者的痛点、收获消费者的购买欲望。赢得信任、制造对比、满足好奇、讲好故事，这些都是撰写文案正文的实用方法，相信只要掌握了这些"武器"，写出精彩文案就不再是梦想。

7.1 赢得信任，拉近消费者与产品间的距离

卖货文案的终极目的是卖出自己推销的产品，因此需要得到消费者的肯定和认同。如果文案能给消费者一个承诺：我的产品能解决消费者现有的某个问题，或者满足消费者的某个需求。那么，产品就能博得消费者的信任，消费者也能更容易去接纳和购买产品。

很多时候，让消费者熟知和信任并非易事，想要达到卖货的目的，就需要通过文案来赢得消费者的信任，拉近产品和消费者的距离，消除二者之间的鸿沟，让消费者在看完文案之后能对产品有所了解，继而引发购买的冲动。

那么，我们应该怎样用文案赢得消费者的信任呢？可以从以下两个方面入手。

◆ 让消费者快速理解产品

文案的一大功能就是让消费者了解产品，而有些产品本身就具有抽象、专业性强的特点，导致消费者难以理解，因此，我们要用文案把产品中抽象和专业性较强的部分变得简单、清晰，让消费者能够迅速了解产品的特点和优势。

让消费者更好地理解产品，文案写作要抓住以下几大要点：

①简单的产品复杂化

有时候，我们要把简单的产品复杂化，因为消费者可能会因为产品的功能或外观过于简单而不认可其价值，从而产生"这个产品这么便宜，是

不是没有什么技术含量？""这个产品看起来很简单，是不是质量不好？"等疑虑。

所以，我们要用文案将看似简单的产品进行复杂化的说明，可以把产品的生产过程进行详尽的解读，也可以介绍产品的生产工艺和设计理念，以帮助消费者更全面的认识产品。这种方法可以将消费者拉到与推销者同样的阵营，消除距离上的鸿沟。

下面我们来看看厨邦酱油的文案：

【案例一：厨邦酱油天然鲜，晒足180天——厨邦酱油】

酱油是生活中非常常见的商品，消费者并不会去过多地关注，他们的潜意识里也会认为酱油是没有什么技术含量的产品。而厨邦酱油的文案则给了消费者一种新的概念："晒足180天"。这个概念为简单的酱油赋予了传统古法制作的底蕴，以及历史传承的厚重感和价值。消费者在接收到这些信息后，自然会选择厨邦酱油的产品。

②复杂的产品简单化

对于那些拥有复杂技术的产品，我们必须要简单化，因为复杂产品对以消费者来说是难以理解的、有距离感的。如果我们不能用文案给产品"做减法"，让消费者更轻松地理解产品，就会把消费者越推越远。OPPO R11 手机的广告文案为我们做出了很好的示范：

【案例二：前后两千万，拍照更清晰——OPPO R11】

OPPO 拍照系列手机主打的是年轻客户人群（尤其是女性），这部分消费者关心的重点并不是"内存""光感""骁龙处理器"等专业术语，他们更关注手机的拍照功能。OPPO R11 的文案正好抓住了消费者的心理，不去赘述手机的各项参数和功能，而是简单直接地告诉消费者手机的前后摄像头都有 2000 万像素，拍照更清晰。消费者看到这个文案后，第一时间就能抓住重点。

③产品卖点具象化

如果产品的功能和卖点比较复杂和抽象，我们就必须用消费者听得懂的文字来传达商品的卖点，也就是将商品卖点"具象化和清晰化"，让消费者能读懂、理解和接受。科技类的产品如果长篇大论的探讨技术，就会使整篇文案非常冷淡无趣，锤子科技旗下的空气净化器的文案完美避免了这个问题。

【案例三："唰"的一下就干净了——畅呼吸空气净化器】

文案中没有大谈技术，只是简单明了地把作用效果展现给消费者，告诉消费者买了这个净化器就可以瞬间让空气清爽干净。

④构建具体情境

我们还可以把产品预设进某个具体情境中，让消费者能够设身处地去感知产品。用文案构建情境时，不仅要设置产品的使用场景，还要设计戏剧化的情节，因为这是让消费者理解和记忆深刻的最关键要素，情节越是戏剧化，消费者接受得就会越快。

例如，百度的推广文案：

【案例四：成为全职妈妈第二年的汪太太，从每天下班只吃外卖，到煮营养餐厨艺不赖，她问了1880个问题——百度】

通过勾勒出具体的细节，向消费者展现了这样的故事情节：厨艺不精的年轻妈妈为了给孩子做出营养美食，在百度上不断查询相关信息，最终成为厨艺高超之人。艺术来源于生活而高于生活，这样的情景既有生活的真实，也有高出生活的戏剧性，让有过相似经历的消费者能够身临其境。

由此可见，文案中的场景和情节都有助于让消费者产生代入感，加深消费者对产品的印象。

◆ 戳中消费者心理

我们在写文案时要戳中消费者心理，拉近消费者和产品的距离，让不了解产品的消费者信任产品，进而购买产品。我们在用文案触动消费者情绪、赢得消费者信任时，可以运用以下策略：

①让消费者关注自己

很多人对文案都有一个误区：写文案打广告就只是为了让消费者关注产品。但是，能赢得消费者信任的文案一定会引导消费者关注自身，正如一位文案大师所说："在关注你的产品之前，先让用户关注他们自己。"

消费者接纳一个新的产品需要时间，新的产品与他们过去的习惯有差距，如果直接让他们关注产品，消费者会不习惯，还有可能产生抗拒心理。所以我们要引导消费者关注自身的痛点，让消费者从"难以接受改变"的冷冻状态，变成"想要寻求新方案"的解冻状态。只有这样，他们才能顺利接受新产品。

"一床棉花"的文案就很好地引导了消费者，让消费者审视自身，发掘自己的新需求：

【案例五：你白天出街精致得体，晚上却不懂善待自己——一床棉花】

这则文案直接针对消费者的痛点：很多人白天出门舍得穿昂贵精致的衣服，但却不舍得投资床上用品。文案的潜台词是：床上用品是我们每天都要贴身使用的，为什么不对自己好一点，买更好的呢？通过文案的潜台词，消费者会关注自己的床上用品，并发掘出自己的新需求：需要更高品质的床上用品。

②触动消费者感性面

好的文案可以触动消费者感性的一面，它们可以调动消费者的感官，唤起消费者的情绪，让消费者和产品产生联系和共鸣。比如，德芙的那句著名广告词。

【案例六：纵享丝滑——德芙巧克力】

图7-1 德芙巧克力文案

德芙巧克力有一句大家都耳熟能详的广告语：德芙，纵享丝滑。寥寥数字就将品牌和产品特点囊括其中，这样的广告语可以在最短的时间内充分调动观众的感官，仿佛能第一时间体验到德芙巧克力的丝滑质感。同时"纵享丝滑"的表述，可以使观众充分地去享受丝滑，不受外界因素拘束，整个人因此放松下来，仿若置身于巧克力的包裹之中，产生愉悦的心情。在多重心理因素的刺激下，消费者对德芙巧克力的兴趣越来越浓厚，自然会想要去购买尝试，德芙因此名声在外。

③说服消费者的理性面

文案需要说服消费者，才能成功获得信任，而每个人都有自己的一套原则，想要说服消费者，文案就必须有足够强大的逻辑、足够多的论据。更重要的是，要足够现实，要清楚地告诉消费者"如果按我说的做了，你会得到什么"。

【案例七：哪有什么天生如此，只是我们天天坚持——Keep】

健身应用软件 Keep 的宣传广告片向观众展示了一群"超人"：跑步者的速度可以与时间的脚步媲美；篮球运动员能轻松对抗地球引力、柔若无骨的瑜伽师、从不失手的攀岩者……影片从始至终都致力于向观众传达"坚持锻炼身体"的效果，如果健身成功，自己也能像短片中这些人一样炫酷。最后再用文案掷地有声地抛出主题："哪有什么天生如此，只是我们天天坚持。"

先向观众展示结果，再反过来解释原因：要想取得这些成果，需要为之付出多少努力，需要天天坚持，而非懒惰放弃。宣传因果清晰，逻辑合理，才能更容易被消费者所接纳。

7.2 制造对比，有冲突才有动力

消费者购买一个产品的最主要目的是解决自己的"需求"。比如，我们感觉到饥饿时，就会产生对于食物的需求；感到寒冷时，就会产生对衣物的需求；牙齿不美观，就会产生牙齿矫正的需求；喜欢追求潮流，就会产生对最新的电子产品的需求。

如果没有需求的话，消费者是不会想到去购买产品的。所以，如果我们想达到卖货目的，让消费者愿意购买产品，就需要先寻找和唤起消费者对产品的需求，消费者在产生需求后，自然就会去选购的产品来满足自己的需求。

再者我们需要清楚，消费者之所以会产生需求，是因为实际状态和理想状态之间产生了冲突，为了解决这种冲突，需求就产生了。

比如，我们对食物有需求，是因为"现实饥饿"和"希望吃饱"之间产生了冲突；对牙齿矫正有需求，是因为"不整齐的牙齿"与"美观的牙齿"之间产生了冲突；对空调有需求，是因为"天气炎热"和"想要凉爽"之间产生了冲突。为了解决这些冲突，消费者会产生需求，并通过购买来解决冲突。

消费者的购买行为基本满足这样一个链条，如下图所示：

发生冲突　→　产生需求　→　购买商品　→　解决冲突

图7-2 消费者购买行为链

所以带货文案想要激发消费者的购买动力，达到推销产品的效果，首先需要让消费者的内心产生冲突，由此引发消费者对于产品的需求。

◆ 文案，首先要构建冲突

每一个商品的产生都对应着人们的一个或者多个需求，比如，书籍对应的是人们对智慧的需求，棉衣对应的是人们对温暖的需求，玩具对应的是儿童对玩耍的需求。事实上，商品的本质就是人类的需求。

前文中我们提到过，需求是由现实状态和理想状态之间的冲突产生的。如果想要写出好的卖货文案，我们就要运用构建冲突的方法，让消费者在文案中感知到需求，然后用产品去解决消费者的需求。

如果文案能成功构建冲突，就能给予消费者极大的共鸣，刺激消费者的消费冲动。构建的冲突越激烈，达到的效果就越好。下面案例中的面膜广告文案就把"岁月流逝"和"永葆青春"之间的冲突转化成了需求。

【案例一：对于有的女人而言，岁月是兵戎相见的敌人；对于另一部分女人而言，岁月是关怀备至的朋友——某面膜广告】

这个面膜文案用"敌人"和"朋友"的对比向受众展示保养的重要性，每个女性或多或少都有对衰老的恐慌，每个女性也都有追求美丽的欲望，使用这样的对比法，能更好地激发她们购买面膜保养自己的冲动，时间不一定只会让美丽流逝，也会为美丽增添韵味。

【案例二：你写PPT时，阿拉斯加的鳕鱼正跃出水面；你看报表时，白马雪山的金丝猴刚好爬上树尖；你挤进地铁时，西藏的山鹰一直盘旋云端；你在回忆中吵架时，尼泊尔的背包客一起端起酒杯在火堆旁。有一些穿高跟鞋走不到的路，有一些喷着香水闻不到的空气，有一些在写字楼里永远遇不到的人——步履不停女装】

当下职场人士每天都行色匆匆，看不完的报表，做不完的工作，在狭小的办公空间抬头时，也会向往外面的世界，没有工作，只有自由。步履不停女装正是构建了"现实的生活"和"向往的生活"之间的冲突，能最大限度地唤起目标人群的共鸣。

◆ 如何解决冲突

卖货文案所要用到的冲突类型，大多是"趋避式冲突"，也就是因趋利避害心理而产生的冲突。当趋避式冲突产生以后，如果文案中推广的产品能给消费者提供一个机会避免缺陷和错误，能让消费者能变得更好，那么消费者就会产生购买产品的想法。

当我们长期处于平稳的没有变化的常态之时，就不会想到去改变现状，冲突和需求就无从谈起。只有走出原有的生活环境，打破常态，才会有冲突的产生，人们也因此产生需求，从而激发自身动力。

制造"趋避式冲突"就是打破常态的基本方式，我们可以在卖货文案中设定一个更好的状态驱使消费者追随，设定一个更差的方案让消费者逃避，从而达到商品销售的目的。具体应该怎么做呢？我们可以按下面的三个步骤来操作，如下图所示：

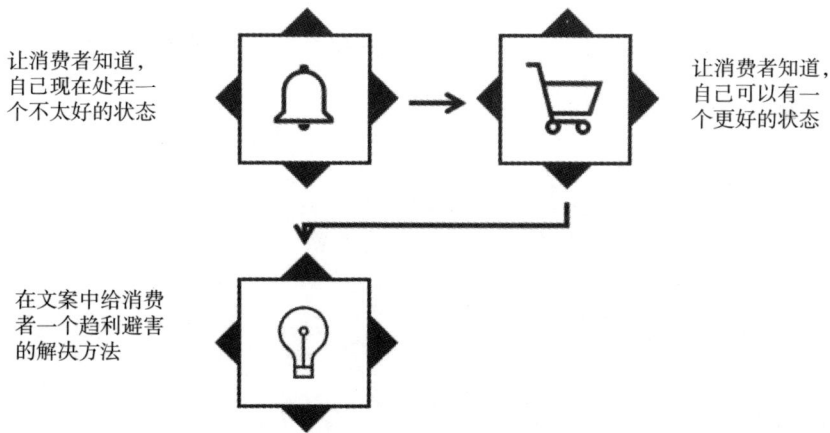

让消费者知道，自己现在处在一个不太好的状态

让消费者知道，自己可以有一个更好的状态

在文案中给消费者一个趋利避害的解决方法

图7-3 制造"趋避式冲突"的三个步骤

我们只有把"消费者内心的冲突究竟是什么""怎样解决他们的冲突"以及"他们为什么需要产品"等要素一一体现在文案之中，才能被消费者信任和接纳。比如，M&M 豆的文案。

【案例三：只溶在口，不溶在手——M&M豆】

M&M 豆作为大众熟悉的巧克力，推出后有很高的接受度，同时在文案中简洁有力的告知消费者 M&M 豆的最大特点——只溶在口，不溶在手。当时的巧克力都没有外面的一层糖衣，所以吃的时候很容易黏黏腻腻地沾在手上。M&M 豆首创了巧克力的糖衣，并在广告中把 M&M 豆的卫生舒适（只溶在口）和传统巧克力的黏腻不便（溶在手）进行对比并制造冲突，让消费者不由自主地对更加方便卫生的 M&M 豆产生需求。

在解决冲突时，我们需要从两个层面思考，一个层面是物质层面，另一个的层面是精神层面。如果当下消费者看重物质，就需要用产品解决，比如，产品的价格、性能、质量等；如果消费者更注重精神层面的需求，就需要用品牌来解决，比如，品牌地位、使用感受、附加值等。

随着时代的发展，小众的会变为大众的，烦琐的会变成便捷的，昂贵的会变成廉价的，之前的高端科技，现在也能走进普通消费者的生活。消费者的实际状态与理想状态都会不断变化，所以消费者内心的冲突也是不断变化的，而在这一过程中能敏锐感受到趋势，率先解决消费者的现下冲突的企业，就能屹立于潮流翻覆的风口之巅，将消费者内心的冲突为己所用，抓住机遇，获得成功。

最后，笔者想说的是，构建冲突和解决冲突的目的并非是做一次性生意，而是和消费者建立联系，获得消费者的接纳和认可。

7.3 满足好奇，撩动消费者的兴趣

很多文案工作者都会遇到同样的问题：为什么自己的文案缺乏吸引力？为什么我精心创作的文案消费者只是匆匆一眼略过？造成这种情况的原因就是文案过于直白，只是将产品的功能、成分、作用等信息简单粗暴地一股脑儿堆在文案中，这自然无法引起消费者的兴趣。

要想吸引消费者的注意，就要唤起消费者的好奇心。何为好奇心？就是消费者在看完文案之后，对产品产生兴趣。只要消费者对产品有了兴趣，销售转化的概率就会大大提升。在讨论如何满足消费者的好奇心之前，我们先来了解一下好奇心产生的机制，这对我们写文案是十分有帮助的。

消费者之所以会产生好奇心，是因为出现了认知盲区，如果文案中提出来的看法和观点是消费者从来没有接触过的，消费者在感知理解时就会出现一段时间的空白和卡顿，同时被勾起了好奇心，一定要把这个空白填满，满足自己的好奇欲，否则就会一直念念不忘。

打破消费者的原有认知，告知消费者新的知识，消费者就会因此产生认知盲区，如果接下来不解决这个盲区，消费者就会处于一个失衡的状态；反之，如果将认知盲点运用在消费者无法判断真实价值的商品上，输出消费者想要的答案和价值，因为我们的文案填补了消费的认知盲区，所以不管商品输出的概念如何，消费者都会轻易接受，并形成固定认知。

那么，我们要如何利用认知盲区，激起消费者的兴趣，满足消费者的好奇心呢？

◆ 描绘饱满而有趣的细节

卖货文案想要引发消费者的兴趣，首先需要文案工作者对产品有具体深入的了解，探寻产品细节是否可以加工利用。

【案例一：向凌晨4点起床的奶牛致敬——双城雀巢奶粉】

当消费者看到这个文案的时候，脑海中第一个浮现的问题一定是：奶牛为什么要在凌晨4点起床？这个问题立刻勾起了消费者的好奇心，让消费者带着好奇心继续往下看。原来，这是双城雀巢的牛奶宣传文案。双城雀巢是雀巢公司在中国成立的合资企业，目前是全国最大的奶粉加工厂。

凌晨4点，双城的10万头奶牛起床了，因为这是采集鲜奶的最佳时间。消费者看到这里，自然会恍然大悟，然后在消费者的思考和弄明白的间隙，文案继续插入更为详细的奶粉加工表述：奶源纬度、平均气温、挤奶时间、饲料规格、品控措施，淋漓尽致地展现双城雀巢奶粉一丝不苟的生产工序，从问题开始到详细介绍，一步步地打消消费者的顾虑。

◆ 给出清晰且具象的利益

决定消费者进行消费者最重要的因素，就是消费者能在商品文案中看到自己的利益，对自己有好处的商品，消费者才会买单，这个因素也称为消费者利益点。很多文案洋洋洒洒花里胡哨，把很多东西都堆上去，但其实对于消费者来说，他通常都只会记住一个点：对他最有好处的那一点。

所以在写卖货文案的时候，并不需要全篇堆砌，只需要把符合消费者利益的那一点进行清晰有力的描述，自然就能准确吸引消费者关注商品本身。

【案例二：充电5分钟，通话2小时——OPPO手机】

图7-4　OPPO手机

OPPO 的这句文案一经推出就迅速火爆，可以说是每个人都耳熟能详。这句文案之所以如此普及，就是因为它清晰准确地抓住了消费者的需求，时下很多智能手机都有耗电快的缺点，需要不时进行充电，非常麻烦。OPPO的文案让消费者通过文案就能清晰感受到 OPPO 手机的续航和闪充技术，让消费者忍不住对产品产生了好奇。

◆ 展现幽默与创意

优秀的文案人会在文案中注入幽默和创意，用讲段子的方法创造出有创意、娱乐化文案传递给消费者，让消费者明知是产品宣传，仍然会产生好奇，愿意分享和购买。

很多时候幽默的文案是通过颠覆读者的惯性思维，让消费者获得阅读乐趣，从而产生进一步了解产品的想法。

　　写幽默的文案的重点在于挖掘与产品相关的笑点，可以从以下几方面着手：从人物入手，包括提供产品服务的人、在购买产品过程中接触到的人等，通过抓取人物的性格来写一个有趣的故事；从产品名入手，具体方法有谐音误读、同文异义等；从使用场景入手，找到一些生活化的场景，在其中设置搞笑的转折；从产品功能入手，可以通过借势热点来进行内容创意。

　　下面这则多功能电脑椅的文案就运用了同文异义的方法：

　　【案例三：屁股决定脑袋，现在看来还真是——多功能电脑椅】

　　"屁股决定脑袋"本来的意思是"人的立场决定了他的思想"，电脑椅厂商将其巧妙地运用到文案中，表达的意思是"坐得舒适了，脑袋就清醒了，工作效率自然也就高了"。电脑椅是我们工作生活中必不可少的用品，把普通的商品讲出新意，就需要展现幽默。

　　对广告持有戒心，这是很普遍的心理。突破这一心理的方法之一就是幽默。要创作出让人喜欢、容易让人接受的广告文案，就要逗一点，再逗一点。不过，我们要把握幽默的分寸。幽默的方式要根据目标人群而定，因为不同的人对幽默有着不同的接受度。

　　总而言之，用细节、利益、幽默唤起用户的好奇心，让他们产生认知产品的兴趣，是成功卖货的关键。

7.4　讲好故事，让你的文案C位出道

　　向消费者讲一个好故事，可以使产品迅速在同类产品中脱颖而出。

　　比如，我们要在森林中搭建一个树屋，吸引游客过来玩耍，第一步并不是去着急砍树造屋，而是先激发人们对于森林的渴望，想要激发人们对森林的渴望，最有效的办法就是先讲述一个关于森林的故事。

文案的本质是沟通，讲故事就是最有效的沟通方式。向消费者讲述一个好故事，就能有效感染消费者的情绪，让消费者产生情绪投射，从而引发代入感。用讲故事的方法来介绍推销产品，能更容易被消费者所理解，引发二次传播，提高品牌曝光度。

那么，如何用讲故事的思路方法来撰写产品文案呢？可以参考以下几个步骤：

◆ 明确目标受众

将讲故事作为文案的传播方式，首先需要明确产品的目标受众，只有贴近目标消费者，才能用消费者能够理解和接受的方式去讲故事。想要卖给儿童，就讲活泼有趣的故事；想要卖给女性，就讲缠绵悱恻的故事；我们要根据目标受众来确定故事内容。江小白白酒的受众是年轻人，所以它的文案所讲的故事是符合年轻人口味的。

【案例一：我把所有人都喝趴下，就为和你说句悄悄话——江小白白酒】

以往的白酒广告目标人群往往是以中老年为主，产品文案也基本大同小异，如"历史悠久""皇室专贡"等，基本没有什么差异化的品牌和产品。

江小白正是抓住了这一空白，将自己的目标人群定位于时尚青春的年轻人群体，打造差异化的白酒品牌。为了与年轻的目标受众产生共鸣，江小白提出了"我是江小白，生活很简单"的品牌理念，"我把所有人都喝趴下，就为和你说句悄悄话"也创造出了属于年轻人的故事和场景。

图7-5　江小白白酒

◆ 塑造故事内核

在确定故事的受众群体之后，我们需要塑造故事内核。可以用在广告文案中的故事有很多种，比如，创业的、励志的、追梦的、文艺的、直白的等等，我们可以根据产品的调性去选择。

但是，无论故事的类型有多少种，它们的内核都是不变的，即围绕产品，契合消费者的需求。因此，我们要从产品入手，强化产品与消费者之间的双向沟通，建立内核联系，以达到卖货的目的。

【案例二：阿布力克木·阿布都拉家灰枣的成长故事——维吉达尼】

农产品牌"维吉达尼"的文案中包含了很多关于农户的故事。比如，"这只蜜瓜不简单""小白杏两千多年来坚守等待""阿布力克木·阿布都拉家灰枣的成长故事"等文案，将"维吉达尼"打造成为一个有温度、有情怀的品牌，它的每个产品中都蕴含着故事，充满了人文情怀。

◆ 围绕品牌开展

文案讲述商品故事，是为了将自己的产品与其他产品进行区分，所以需要清楚产品定位，在文案中突出商品的与众不同。

高端的产品定位，就不要用大众化的套路去讲故事。反之，走中低端路线，则最好不要用有内涵深度的套路去讲故事。大品牌有大品牌的讲法，小品牌有小品牌的讲法，新品牌有新品牌的讲法。

【案例三：复杂的世界，一个就够了——褚橙】

褚橙的文案背后讲述的是创始人褚时健的传奇人生，引出了褚橙的产生原因，所以很多人在购买之前，首先就被这个故事打动了。购买褚橙，也是对褚时健和褚橙由衷的致敬。

褚橙的故事经过包装，已不再是一个简单故事，在故事的传播过程中，褚橙也被印上了"励志"的光辉，给褚橙增加了更丰富的内涵。

◆ 精锐度+穿透力

文案并不需要非常华丽的辞藻和很长的篇幅，很多文案对于故事的理解就是人物、情节、环境等要素具备。而实际上，虽然这些要素都具备了，但写出来的故事还是很平庸。原因就是文案的故事很完整，但没有精锐度，缺乏穿透力。

从商业角度说，考虑利于传播和便于理解，通常文案只能保留故事最精锐的部分。

一个好的文案故事是有穿透力的，可以像针一样扎进消费者心中，调动起消费者的情绪，从而产生情绪投射。同时，要带动消费者情绪，需要用真实的、具有穿透力的文案，贴近消费者本身，让很多人能够从中看到自己的影子，因此也更容易激起情绪上的波动。

文案要适用于不同场景，要能够突出品牌特性，能够聚焦目标受众，并且能够以具有煽动性的语言来增强故事的感染力。

第8章

巧结尾：
踢好临门一脚，引导用户下单

开头用心，结尾潦草，这是许多文案人在撰写文案时容易犯的错误。事实上，一个完美的文案，一定是从始至终都保持精彩的，它既要在开头引发消费者的阅读兴趣，也要在结尾踢好临门一脚，引导用户下单。如果文案的结尾没有处理好，那么即使前面写得再精彩，也会前功尽弃。

8.1 稀缺感式结尾，刺激消费者规避损失心理

优秀的文案，不仅能在开头激起用户的阅读欲望，让用户有耐心看完所有内容，还能在正文中通过各种技巧展示产品的利益点，最重要的是能够在文案结尾留住用户，引导他们至下单的最后一步。

如果文案的结尾没有处理好，就会让整篇文案前功尽弃。比如，某商业地产的文案："妇儿医院旁，尽享百万人流。"这个结尾实在令人啼笑皆非。

因此，我们在创作文案时一定不能忽略文案的结尾。那么怎样才能写好文案的结尾呢？我们首先来思考一个问题：为什么一幅名画能拍卖出上千万的价格？

这是因为名画只此一幅，不可复制，而人们总是更想得到稀缺的东西。产品的稀缺能够带给人们一种感觉：如果我没有买到，那就是损失。因此，我们可以在文案的结尾通过制造一种稀缺感，来进一步刺激消费者的购买欲望。

◆ 什么是稀缺感

"稀缺"其实有两种含义，一种是物品资源匮乏，比如，"物以稀为贵"，因为少，所以珍贵；另一种含义是人为制造的稀缺，利用稀缺提高产品的知名度，引发消费者抢购，比如，饥饿营销。

在文案结尾制造稀缺感是很多文案人都会用到的技巧，比如，"最后三天""最后两百件""前一百名买一送一"等。稀缺感很容易让消费者产生恐慌，即"这么好的产品，再不买我就要买不到了"，本来还在犹豫的消费者会被这种紧迫感所刺激，从而立即下单。如果我们能在文案的结尾制造出产品的短缺现象，就能刺激用户的购买欲望，比如，"周年庆优惠，全场 5 折，

只限今天！"

也许消费者在逛街的时候只是随便看看，发现有一件衣服自己很喜欢，但是并没有马上购买的欲望，在看到上面的文字之后，可能会重新考虑一下，觉得自己今天不买就错过了，这么大的优惠错过了就可惜了，出于这种心理，消费者就很有可能会买这件衣服。

当然，这是我们在日常生活中经常碰到的情形。这种"只限今天"式的话术也可以运用到文案的结尾，让消费者产生一种不买就是损失的紧迫感，促使他们迅速下单。

文案结尾利用稀缺感的常见例子还有很多，比如：

☑限时优惠、前××名限量优惠。

☑前200名下单可享受7.8折优惠与包邮！

虽然只是短短的一两句话，但是加上之后，消费者的购买率明显增加。

因此，我们在创作文案的时候，不妨多加利用稀缺感，营造出一种紧迫感来促使用户尽快下单。那么，我们应该如何在文案结尾制造稀缺感呢？

◆ 6大技巧制造文案稀缺感

在我们了解了稀缺感之后就会发现，在文案结尾制造稀缺感，事实上相当于合理地放大产品的价值，当这种价值被放大后，就会有更多的消费者购买产品。在这里，我们总结了六种制造稀缺感的技巧，如下图所示：

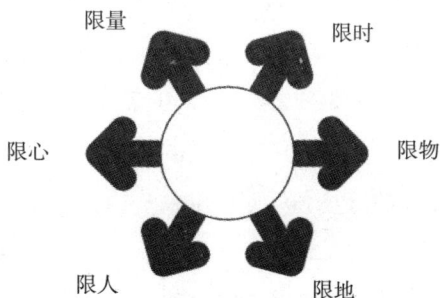

图8-1 制造文案稀缺感的六大技巧

①限量

限量的作用在于，告诉人们如果你不及时购买，以后就买不到这个产品了，比如，限量版香水、鞋子、包、商品房等，用数量制造一种紧迫感，促使人们尽快购买。比如，

☑ 每天限量100份，天天断货，这款网红茶总算被我抢到！

☑ 趁这个信息在你脑海里还记忆犹新，立即报名锁定名额吧！（前30个名额很快就会爆满，否则你只能等到下次开课。但是下次还不知道等到什么时候……而且价格很可能再次上涨……）

②限时

限时是指规定一个时间段，消费者在这个时间段内可以买到某种产品或是享受到某种优惠，如果超过了这个时间段，就不能购买或者无法使用优惠。限时的重点在于促使客户尽快下单，比较常见的方式包括"最后期限""明天就涨价了""优惠仅此一天""秒杀""前三十分钟半价"等。西湖龙井的推广文案就在结尾采用了限时的方法：

【案例一：再想喝到这样的味道，就得再等上一年——西湖龙井茶文案】

完整的文案是："西湖龙井占据十大名茶之首100余年，就凭一个字——'鲜'。西湖龙井茶中的极品，当数'明前茶'——顾名思义，明前龙井最佳的采摘期，就在清明节前这几天。经过一个冬天，茶树积攒了丰富的营养，且第一次采摘时仅采摘春天刚冒出的芽头，量非常之少，所以更为珍贵。而其最佳的品鉴期，就是每年的四月初一至五月这短短一个月。过了这一个月，'鲜'的滋味和香气就会迅速下降，再想喝到这样的味道，就得再等上一年。"

文案首先在开头叙述了西湖龙井的味道以及珍贵，到了结尾强调"再想喝到这样的味道，就得再等上一年"，目的就是让消费者有一种紧迫感，从而促使他们尽快购买，这样也就达到了稀缺营销的目的。

③限物

我们在制造产品稀缺感时，还可以从制作产品的局限性出发，将限制转

化为一种优势，让消费者感受到"稀缺"。比如，

☑ 一头牛仅供六客——台塑王品牛排

☑ 百年传承阿胶制作工艺，售完即止。

④限地

生活中，位于繁华地带的房子总是很快售罄，产自新疆的葡萄干总是卖得更贵，这些带有地域色彩的产品都会利用其地域特点来增加产品的附加值，比如，

☑ 来自长白山的极品小木耳，肉质厚、Q弹爽脆，快抢！

⑤限人

在多数制造稀缺感的技巧中，限人的例子其实也不少，比如，苹果手机的饥饿营销，网红店的每日限额，通过对购买者身份或数量的限制来进一步体现产品的价值。比如，

☑ 仅限××大学生福利，报名享5折优惠！

⑥限心

你还记得吗？上学的时候父母越是不让你看电视，你越是想看，而当你可以随意看电视时，你反而失去了兴趣，其实营销也是一样的道理。消费者的思维也是有局限性的，越是没有看过、没有品尝过的东西，越是能吸引消费者的注意力。比如，

☑ 你从未品尝过的民国名人菜，首次出现在深圳。

我们在文案结尾的时候，可以利用限时、限量、限物等方法来制造稀缺感，从侧面抬高产品的价值，同时让用户感受到一种紧迫感，促使他们尽快下单。不过，我们在使用上面的方法制造稀缺感时也有一些注意事项，如下：

◆ 制造稀缺感的注意事项

①数字虽然简单，但却是文案成功的灵魂推手

电视购物的经典台词是："只要998，只要998，你就可以把我们的产品带回家。"这句话虽然过于直白，但却能以低廉的价格吸引消费者的注意，

再加上"只有 20 套了，观众朋友们，998 的优惠大礼包欲购从速，再晚就没有了"，价格优惠和稀缺感双管齐下，可以使消费者的购买欲望成倍增加，从而达到营销效果。

在电视购物的这套营销文案中，998、20 这两个数字给人留下了极为深刻的印象，它们直接刺激着消费者的神经，直白而准确地传达了我们想要营造的稀缺感。

②度很重要，多一点少一点都不行

怎样的"稀缺"才最适合激发消费者购物欲望呢？过"稀"的宣传会打退消费者前进的脚步，比如，"只有最后三套了"，数量这么少，怎么能保证我一定能下单成功呢？但"稀"得不彻底，又不能达到促进消费的目的，比如，"还有最后一千套"，数量剩这么多，产品真的好吗？是不是卖不出去的才促销？

所以，"稀缺"营销，最重要的就是把握这个度，既要能体现产品的紧销程度，又不能打消消费者的购买欲望。

③宣传固然重要，但是守法是最重要的底线

《中华人民共和国广告法》明确规定，一些具有强烈迷惑性、夸大性、欺骗性的词汇是禁止使用的，比如，全网第一、第一品牌、排名第一、销量第一、唯一、最赚、最优、最好、世界级、国际级、国家级、极品、顶级、绝版、绝无仅有、稀世珍宝等。

④使用替代词

上文提到，某些词是被法律明文规定不能使用在宣传文案里的，但是为了突出产品的极致性和稀缺感，有些内容不得不表达出来，该怎么办呢？此时，替代词就要派上用场了。什么叫替代词？它包含同义词，但又不局限于同义词。比如，不能写全网第一，我们可以写销量领先。要让需要展示的内容通过更委婉更安全更具体的形式表达出来。

总而言之，如果我们能够在文案结尾利用好稀缺感，就可以及时消除用户的犹豫，让用户感受到产品价值的同时，做出购买的决策，有效提高购买率。

8.2 "损失厌恶"式心理，越害怕失去越容易下单

我们可能会有这样的经历：如果我们获得了一张 100 块钱的优惠券的同时，丢了 100 块钱，虽然看起来好像没有损失，但我们总是会为丢失的 100 元感到痛苦，这就是"损失厌恶"。即人们面对同等程度的收益和损失时，损失带来的痛苦感，要高于收益带来的幸福感。

通俗地说，人们对损失会更敏感。因此，我们可以利用这种"损失厌恶"，在文案结尾增加消费者的购买欲望。

◆ 失去的痛苦大于收获的喜悦

如果我们首先在文案中营造出产品的价值感，让用户觉得他们可以拥有该价值，然后再在文案结尾告诉他们，如果现在不下单就会损失这种价值，这就会给消费者造成一种压力，产生损失厌恶感，这种压力最终会促使他们购买产品。

那么"损失厌恶"是如何在文案中体现的呢？比如，一套天鹅绒的实时售价为 899 元至 1099 元，然后商品文案中告诉大家现在有一个限时活动，只要 699 元就可以买到，在 899 元至 1099 的衬托下，699 元好像很便宜，如果不买就是损失。类似的案例还有很多：

☑ 原价2490元，会员价只要1999元，现免费办理会员卡，仅限两天。

有时你本不打算购买产品，但是看到这个信息时又很心动，虽然超出了心理预算，但是从价格上看便宜了五百元，不买就会觉得很可惜，最终还是会选择购买。因此，很多消费者都会因为"损失厌恶"心理而被潜在的损失

挽留。

从上述案例中，我们可以进一步分析"损失厌恶"，从而得出运用它的关键要素有三点，分别是拥有、价值和损失。

①拥有

拥有是"损失厌恶"的前提，比如，各种优惠、赠品，都是让用户产生一种拥有感，这种拥有在很多情况下都是暂时的拥有或者虚拟的拥有。即使是一种观点，只要让人成为观点的支持者，也是一种拥有。

②价值

让消费者拥有的东西必须具备一定的价值，没有价值的拥有毫无意义，因为失去了也不会觉得可惜。

③损失

只有让消费者面临损失，才能让他们产生厌恶损失的情绪，促使他们购买产品。

在了解这三个要素之后，我们就可以通过这三个要素来影响用户的"损失厌恶"心理。在这个过程中，除了更大程度地抬高产品的价值，我们也可以通过降低用户面临损失时的负面情绪来利用"损失厌恶"。那么我们在文案结尾具体应该怎么做呢？这里总结了三个步骤，即创造拥有感、营造价值感、制造损失感。

◆ 如何利用"损失厌恶"心理

①创造拥有感

如果我们想在用户心中提升产品的价值，最好的办法就是让用户免费体验产品。用户感受到产品的价值，产生一种拥有感之后，提高产品的付费率就变得相对容易，因为"损失厌恶"心理会打消用户的顾虑，让他们尽快下单。而且，"损失厌恶"能够在很大程度上提升产品的价值感。

比如，腾讯的手游——王者荣耀，就特别擅长利用"损失厌恶"来吸引用户购买相应的产品。玩家在日常玩游戏的时候，系统会通过各种活动奖励一些体验卡，玩家可以用这些体验卡免费使用游戏内的角色和皮肤，但是体验卡有时间限制，超过了体验卡的时间，玩家就不能继续使用角色和皮肤，这就会造成一种心理上的损失。在玩家使用完体验卡后，想要继续使用游戏角色和皮肤，就只能通过付费来实现，否则就会面临失去价值的损失感。

在文案写作中，我们也可以运用这种方法。很多文案都通过赋予消费者拥有感来制造"损失厌恶"，取得了不错的效果。不过，我们在给用户制造拥有感后，也应该降低用户的参与成本，过多的参与成本会让用户放弃具有价值的产品。比如，

【案例一：某培训课程文案】

单人价：3600元/人

团购价：2800元/人（满三人即可享受团购价）

团购规则：三人即可成团：点击"阅读原文"，填写信息，发起组团，邀请好友参团。

阅读这个文案后，大多数人都会选择以团购的方式来报名课程，所以文案中的单人价只是一个对照，用来衬托团购价的优惠程度，让消费者产生拥有感。

可是这个文案最后的参团方式却增加了参与成本，消费者首先要填写一系列个人信息，发起团购，还要再找到另外两个有团购意愿的人拼团，规则比较复杂，需要浪费很多时间和精力，很容易让消费者望而却步。

我们要知道，在购买之前的每一秒，用户都可能会流失，而下单是一个非常重要的环节，因为所有的文案都是为最后的购买行为作铺垫的。因此，我们不能过多地增加用户的参与成本。比如，我们可以帮助消费者拼团，并在拼团成功后再填写个人信息，而不是在支付之前就设置一大堆问题。

②营造价值感

什么是营造价值感呢？其实就是告诉消费者产品的价值所在。为什么很多优秀的产品无人问津？其实就是传达价值感的方法存在问题，如果用户对产品的价值并没有一个清晰的认知，产品无法吸引他，那么他在面临损失的时候也不会有任何行为来挽留这种价值。

在这方面做得很好的就是租赁服务退押金的挽留弹窗：

☑以后要交199元押金了，您是99元押金的老用户，真的要退？

这种挽留弹窗传达了两个信息：一是现在退押金，以后如果再想使用的话得重新交押金；二是以后交押金需要比之前多交100元钱。在这种情况下，大多数人都会被挽留，因为系统明确给了用户一个价值100元的利益，如果退出，就会失去这个利益。

这种文字说明带有明显的价值导向，用户在选择之前，一定会深思熟虑。如果用户在参与活动获得利益后，并不是完全没有被这种利益所吸引，那么用户就很容易被挽留。

因此，我们可以在文案结尾进一步凸显产品的价值，并告知消费者放弃购买产品后将有可能受到的损失，这样更容易引发用户的认同感，在利用"损失厌恶"时，更能让用户产生面临损失的恐慌感和紧迫感。

③制造损失感

我们在日常生活中就会发现，人们往往对自己付出的东西有更深的感情。商品在拍卖市场能卖出更高的价格，是因为竞价行为会造成买家的损失，买家付出的越多，越想得到这件商品。竞价的买家受到"损失厌恶"心理的影响，会一步步抬高商品的价格。这种竞价行为，其实就是在制造损失感。

事实上，"双十一"购物节也同样利用了消费者的"损失厌恶"心理。一开始，消费者可能并没有购物的想法，但是"双十一"的优惠力度很诱人，这就会给消费者一种心理暗示：这次不买，以后再买的话就会多花钱。由此一来，消费者就会立即下单。

类似的例子还有很多，比如，

☑35块钱买肯德基全家桶。

花35元就能买到价值110元的全家桶，看到这个文案的大多数消费者都会心动，而想要使用优惠，需要下载肯德基APP、注册账号等一系列操作。即使操作比较烦琐，很多消费者也生怕错过这个便宜，肯德基全家桶的销量因此大幅增加。

因此，如果商家能够利用好用户的"损失厌恶"心理，在文案结尾制造损失感，就能在很大程度上刺激消费者的购买欲望。

总而言之，每个人都有"损失厌恶"心理，相较得到的，我们更在意失去的。因此，我们在文案的开头和正文吸引消费者、描述产品优势后，就可以通过在文案结尾创造拥有感、营造价值感、制造损失感，来刺激消费者的购买需求，从而增加购买率，提高盈利能力。

8.3　引导行动式结尾，打消消费者购买前的犹豫

我们做任何事情都会存在或多或少的阻力，消费者在下单前也是如此，而文案的实质是引导用户购买产品，因此我们应该尽最大能力给予消费者足够的动机力量，扫除他们下单前存在的阻力，消费者才会按照我们引导的方向行动。

什么是给予动机和扫除阻力呢？先给大家讲一个例子：

如果你在逛商场时看到一个标价为 1 万元的扫地机器人，你会买吗？

我想大多数人都不会买，原因无他：太贵了。但就在这个时候，导购说：这个扫地机器人是为家里有老人的家庭准备的，因为老人上了年纪腰膝酸软，腿脚不好，如果再做家庭清洁的话，很容易导致腰肌劳损，再加上沙发和床底的一些死角也不容易清理到，如果你买了这个扫地机器人的话，所有的问题都能得到解决，不仅可以让父母得到更多的休息，还能让家里更加明亮整洁。

听完导购的话，你是不是改变了看法呢？我想大多数人如果有经济实力的话，很有可能会买下这个扫地机器人。

在这里，我们可以分析一下导购的话起到了什么作用：买这个扫地机器人，不仅满足了日常生活需要，还能减轻家里老人的负担，让他们有更多的休息和娱乐时间，为消费者提供了一个孝顺父母的机会，满足了消费者的情感需求，这样就从根本上改变了消费者的购买动机。

这种思路在文案中屡试不爽，比如，

☑ 给自己一个好气色——保健品

☑ 对家人的健康负责——空气净化器

☑ 让孩子赢在起跑线上——早教课程

有时，我们需要思考消费者觉得产品很好却不买单的原因，成功的文案总是能够劝服消费者下单，而文案技巧的背后其实是对消费者心理的把握。我们可以通过掌握用户的情绪来扫除他们购买前的障碍，促使用户下单。那么我们如何在文案结尾使用这个技巧呢？这里总结了两个方面的内容。

◆ 增加动机力量

动机力量主要由理性需要、激动情绪以及感官愉悦组成。理性需要指的是消费者通过理性的分析，认为自己存在某种需要或者某件物品能够给自己带来实际利益。激动情绪指的是用户因为某些情绪做出不理智的行为。感观愉悦指的是用户通过某种行为获得了心理上的满足，比如，买到了自己心仪已久的衣服。

我们在文案的结尾可以利用这三点来增加用户的动机力量，引导他们下单。那么，具体应该怎么做呢？

①以理性需要为出发点

我们可以具体陈述产品能够给用户带来什么，通过理性分析来说服消费者。

利用产品本身的定位：

如果产品或者品牌本身就具有一个比较清晰的定位，我们不妨直接利用这个定位，突出产品在这个特定领域的优势，这种客观的分析足以劝说用户

购买产品。比如，

☑ 怕上火，喝加多宝——加多宝

☑ 小米6，拍人更美——小米

给用户一个利益相关的理由：

很多时候，用户觉得这是个好产品，但是觉得这个产品与自己没什么联系，这时我们就应该将产品与用户的需要联系起来，给他们一个购买的理由，比如，下面这个案例：

【案例一：后排宽敞的空间，可以轻易放进一张儿童座椅，两个成年人坐后排也不会感到拥挤！——某品牌SUV推广文案】

很多女性在选择代步工具的时候，对汽车的性能和空间不会有很多要求，她们看中的多半是汽车的外表。因此，如果想要向女性推销SUV汽车，就不能描述汽车的动力组成和悬挂设备，而是要找到她们在意的点，比如，儿童座椅和座位舒适度，这样才能说服她们购买产品。

找到正当消费的理由：

人们在购物时往往会产生一种负罪感，而很多产品明明价格很高，几乎没什么实用性，但还是有很多人会买。为什么呢？因为只要帮消费者找到消费的正当理由，他们就会立即下单。

比较常见的例子就是洗碗机，很多人家里都会有洗碗机，但在大多数时候，它只是厨房的装饰品。当初用户为什么会购买？最大的原因在于：很多人愿意做饭却不愿意洗碗。但是，如果单纯为了躲避洗碗而购买洗碗机，似乎会被长辈打上"懒"的标签。考虑这一点后，商家想到了办法：

【案例二：XX洗碗机，全为你的健康，比起手洗，细菌附着率少99%；XX洗碗机，全为家人健康，精洗水果，农药残留低达0.001%——某品牌洗碗机推广文案】

这个文案的精妙之处在于，从消费者的健康角度出发，来阐明洗碗机能够减少细菌和农药残留，有利于人的健康，这就给了用户一个正当消费的理由。有了这个理由，消费者在下单前就不会犹豫。

理性需要是消费者下单的基础，因此我们可以在文案的结尾利用消费者的理性需求，让他们看到产品的优势，增加消费者的购买动机，从而提高购买率。

②引发情绪激动

兴奋：

当饥饿的人看到美食，当生活在内陆的人看见海，当南方人看见雪，这会引发兴奋。我们在文案中也可以引发用户的兴奋，让他们产生不理智的购物冲动。

在这里，最具有煽动性的例子莫过于抖音"口红一哥"李佳琦，他的那几句"我的妈呀""Oh my god""这个颜色也太好看了吧"，配合幽默夸张的面部表情，很容易煽动用户情绪，从而达到营销效果。

恐惧：

有得就有失，人们在生活中会不断面临得到与失去，同时也害怕失去。为了对抗这种恐惧，人们往往会做出一些不理智的行为。因此，我们可以在文案中营造出让人产生恐惧情绪的场景，从而刺激用户的购买欲望。

【案例三：每增加100名用户报名，我们将增加10元报名费——某营销课程推广文案】

这是营销课程的案例，如果不及时购买，价格将会上涨，这种阶梯收费的形式利用了用户的恐惧情绪，促使消费者尽快下单。

③营造场景

营造适当的场景能够让用户感同身受，让用户通过听觉、嗅觉、视觉、触觉等感官体验到产品的价值，比如：

☑每一口都像在舔盖儿——乐纯酸奶

乐纯酸奶的文案，让我们听到后就会联想到酸奶的滋味。

☑舒服，仿佛拉着恋人的手——小米行李箱

小米行李箱的文案，让人从触觉的联想中感受到其舒适性。

◆ 减少阻碍力量

首先我们应该知道，阻止用户购买的阻碍力量主要由货币成本、心力成本以及安全性疑虑构成。因此，在文案结尾减少障碍力量可以从这三方面着手。

①给用户一个买得起的理由

让用户觉得产品不贵，自己可以承担这个价格，就可以在很大程度上减少障碍力量。怎样描述产品的价格才能让用户觉得不贵呢？我们可以用除法平摊价格以及分析产品带来的利益的方法，比如，

☑买一只清新口气的牙膏，一天不到2毛钱，不仅仅可以带来好心情、好口气，还可以给你的个人形象加分，帮你在女生面前赢得更多好感，更容易跟女生亲近哦——某品牌牙膏

☑想想吧，你可以用99元买什么呢，两杯星巴克咖啡？一份肯德基全家桶？或者你可以用这99元，购买一套让你工作效率提高10倍，让你从琐碎任务中获得自由，让你获得更高薪资的筹码——某培训课程

②减少心力成本

我们可以在文案的结尾帮助用户做出选择，减少用户在选择时花费的时间和精力。比如，消费者在买饮品的时候，很容易产生选择恐惧症，这时，我们不如利用优惠帮助用户选择：

☑今日香草拿铁、榛果拿铁第二杯半价——某餐厅推广文案

看到一份菜单或者一篇介绍，很多人都会思索半天、犹豫不决，不知道选择哪一种，如果在文案结尾直接向顾客介绍今天的特价饮品，不仅变相地帮顾客做出了选择，节省了其时间精力，还能让顾客享受优惠，在利益的诱惑下，顾客很有可能选择埋单。

③打消用户安全疑虑

对于新产品来说，最重要的就是赢得客户的信任。但是如果用户根本就不了解这个产品，安全性未知，就会对产品的安全存在很大疑虑。怎样才能让用户信任产品呢？数据能说明很多问题，比如，

【案例四：人人贷累积出借人数858395，累积出借人赚取550342万元。3分钟借10万，已有108万人成功申请——人人贷推广文案】

人人贷的推广文案在结尾列出了这样一组数据，直接用数据证明了产品的实力和可靠程度。

总而言之，文案最终的目的就是让消费者下单，我们在文案的开头和正文就已经描述了产品的优势以及各种特点，但消费者在购买之前往往会犹豫不决，因此我们在文案的结尾可以通过增加动机与减少障碍的方式，来打消消费者购买前的犹豫，从而提高用户购买率。

8.4 场景式结尾，以情动人温暖制胜

产品的价值需要在真实的生活场景中得以体现，而制造场景则是让用户体验和记住产品的重要技巧。比如，"怕上火，喝王老吉"，让消费者在吃火锅的时候很容易就联想到王老吉，这种场景式的文案带有引导的属性，能够让用户记住使用产品的要素。

如果我们能在文案的结尾使用场景，进一步体现产品的功能和优势，就能让用户切身体会到产品的价值，以此带动消费者的情绪，促使他们下单。

那么在文案中什么是制造场景式结尾呢？这里有个例子：

【案例一：仅次于床上的睡眠体验——某品牌U型枕】

简单的一句话，就让我们想起在床上睡觉的感觉，也更能加深用户对产品的印象。因此，我们在文案的结尾不妨利用场景化思维，营造合适的场景，以情动人，吸引消费者。我们可以通过具体的案例来进一步了解制造场景式文案结尾。

◆ 什么是制造场景式文案结尾

我们先来看一组文案：

✘ 我们的鞋垫能放进任何的鞋子里用啊，不管你穿什么鞋，都能帮你算好步数、运动量！——某品牌智能鞋垫

✘ 冬天感觉冷，又不想开空调的时候都可以用！——某品牌暖风机

✘ 这款榨汁机只要10多秒，想喝果汁的时候随时可以榨！——某品牌榨汁机

这些文案既描述了产品的优点，又营造了使用场景，好像没什么问题。然而，这样的内容并不会打动消费者。

因为消费者的观点是：一双鞋垫很便宜，多买几双也没什么问题；虽然冬天开空调费电，但是已经习惯了，不用再花钱买暖风机；家里常备各种酸奶和饮料，专门买榨汁机不划算。

这些文案有一个共同的问题，它们都营造了一种自己的产品很方便、随时随地就能使用的场景。然而，"随时随地"这种场景应该慎用，为什么呢？因为它看似描述了产品的便捷和实用，却把产品的使用场景交给了消费者，因为"随时随地"，所以也没有特色，不能触动消费者内心的情绪，最终消费者只会选择拒绝。

而好的场景能够把消费者使用的情景绘声绘色地描绘出来，从而引发消费者对产品的想象，让他们感受到，使用产品后能获得情感上的满足，提升幸福感。

比如，某款榨汁机针对白领女性的文案：

【案例二：带着舌头环游世界！更重要的是，营养健康，热量不高，没有负罪感——某品牌榨汁机文案】

完整的文案是："明天起床后，你可以剥开一根菲律宾帝王香蕉，切开橙黄色的软糯果肉，把它丢进榨汁机里，加入鲜牛奶，旋转杯体，10秒之后就能喝到冰鲜爽口的香蕉牛奶，香蕉的甜蜜和温柔的奶香在嘴里碰撞，用好心情开启新的一天！明早不要再去楼下买豆浆了，你未来一周的早餐是菠萝黄瓜汁、胡萝卜美颜汁、柳橙奇异果汁、柚子葡萄汁以及特别来宾——黄

金海岸蔬果汁！你想一想这个场景：晚上你口渴了，喝开水太乏味，喝高糖饮料怕胖。于是你打开冰箱，全被新鲜的食材塞满了：飘着淡淡乳香的鲜牛奶、金灿灿的水仙芒果、冒着露珠的智利蓝莓，香脆酸甜的美国进口车厘子……你的脸被冰箱照亮，你的心情也被瞬间点亮，最奇妙的是，随便拿出几样东西，很快就能榨出一杯五彩缤纷的美味果汁，带着舌头环游世界！更重要的是，营养健康，热量不高，没有负罪感！"

这段文案通过描述消费者每天早晨和晚上使用榨汁机的场景，让目标消费者产生一种认知：榨汁机能带给自己一个好心情，改变自己的生活，这样就大大增加了消费者的购买欲望。

类似的例子还有某麝香葡萄甜白起泡酒的文案：

【案例三：塞两根吸管，你一口我一口，瞬间有种"整个电影院都被我们承包了"的感觉——某麝香葡萄甜白起泡酒文案】

完整的文案是："看电影喝可乐吃爆米花？换点花样呗。塞两瓶小甜酒在包里，电影开场，旋开瓶盖，塞根吸管，两个小时的电影正好喝完一瓶。如果和闺蜜或恋人一起看电影，还可以直接带瓶750ml的，塞两根吸管，你一口我一口，瞬间有种'整个电影院都被我们承包了'的感觉。"

现代人的生活普遍存在压力，每天背负着房贷车贷上班，下班了什么话都不想说，偶尔和朋友喝酒，抒发内心的烦闷，或者是分享各自生活中的趣事，喝着喝着就醉了。这种文案，能够从小场景中触发消费者内心的情绪点。

优秀的文案就是如此，不是一味地吹捧自己的产品，而是像朋友一样与消费者分享感动和快乐，在文案中不以宣扬的语气，不做生硬的命令，而是着眼于最平常不过的生活场景，用温情打动消费者的心。

◆ 如何在文案结尾设置场景

在了解场景的含义以及属性后，如何在文案中运用场景来达到预期效果就成为重点。对于这个问题，我们可以从三个方面来具体探讨。

①根据消费者需求来构建场景

消费者给予文案的阅读时间非常短暂，而且不会带有过多的思考，如果我们想要在这短短几秒的阅读时间里，为消费者构建一个场景来吸引消费者继续看下去，就应该用最简洁的语言，将所有消费者想要了解的元素展示出来。

比如，什么人在什么时间和地点，想要做什么，最后做了什么，让消费者对我们想要传递的信息一目了然，让文案准确戳中消费者的需求点，吸引消费者的关注。

②提供更好的解决方案

当我们与消费者处在同一场景的时候，要时刻在消费者之前想到：消费者现在面临的问题是什么？原有的解决方案是什么？在这样的场景下，我们要思考能不能为消费者提供比原来更好的解决方案。打破消费者的预期，给予消费者更好的体验，自然会让消费者印象深刻。

③预设消费者的下一步行动

想要让文案具有创新，走在时代的前端，就需要时刻把握动态风向。分析消费者在当前的场景中的行为思想，预设消费者的下一步行动和心理预期，将行为预期设计展现给消费者，自然就能快人一步抢占先机。比如，抖音视频中商家通过分享夏天的穿衣搭配，给消费者构建了一个"暑假买鞋攻略"的场景，刺激了消费者的购买欲望。

图8-2　抖音卖鞋文案

　　构建产品的使用场景可以让消费者真正感受到产品的价值及其实用性，因此，要想在文案结尾留住消费者，我们需要通过分析目标消费者的生活日常，设想他们可能会使用产品的场景，然后让这些场景更加细致和具体，从而激发消费者的购买欲望，让文案达到理想的营销效果。

8.5　信任式结尾，临门一脚打消支付前的顾虑

　　很多文案人在写文案时会运用各种技巧来刺激消费者的购买欲，唤起消费者的积极情绪，但是他们往往会忽略消费者对风险的顾虑。顾虑重重的消费者会再三考量自己的购买决策是否正确，而在考虑和犹豫的过程中，消费者购物的欲望会逐渐减退，文案自然也无法达到应有的效果。

　　因此，我们应该在文案的结尾打消消费者的顾虑，建立消费者对产品的信任，减少用户在做购买决策时的犹豫。想要建立信任，我们就应该先分析消费者在购物时会产生那些顾虑，对症下药，才能事半功倍。

◆ 用户风险顾虑

　　我们首先思考一下，消费者在下单前会有哪些顾虑呢？

　　可能包括产品是否能退换、是否有保修期、这个产品是否安全、这项服务是否值这个价钱等。事实上，这些顾虑都可以归纳为两方面的内容，即市场风险顾虑和个人风险顾虑。

　　①市场风险顾虑

　　每个行业都会面临相应的市场风险，到底什么是市场风险呢？事实上，这里的市场风险指的是这款产品或者服务在该行业里普遍面临的风险，比如，

社交风险——这么做会损害我的形象吗？

财务风险——这项服务是否值这个价格？

功能风险——产品是否真的能起作用？

心理风险——我这样消费是不是太浪费？

时间风险——投入了这么多时间，能有效吗？

比如，抖音中常见的卖货视频中，商家经常会介绍产品的种种优点，而消费者被吸引之后就会考虑是否值得购买的问题。以手提式垃圾袋为例，消费者在购买前通常会思考：这个垃圾袋是不是真的像视频中示范的那么好用；这么便宜的价格，垃圾袋的质量是否能保证；这个垃圾袋能装多少垃圾等问题。

图8-3　抖音手提式垃圾袋

对于这些常见的市场风险问题，我们应该找到对应的解决办法，比如，产品质量问题的解决方案是在文案中对消费者做出承诺："七天无理由退款""30天包换"等。事实上，我们可以通过分析来找到相应的解决办法，然后在文案结尾注明，通过这种行为给消费者传达出一个信息：我们会尽最大的努力减少市场风险。这样可以在很大程度上打消消费者的顾虑。

②个人风险顾虑

这里的个人风险指的是这个产品或者服务存在的个别问题，比如，餐饮服务业中的食品卫生、服务、价格、环境等，这些都是影响消费者下单的重要因素。那么个人风险具体包括哪些呢？我们总结了以下几个方面：

服务质量——服务是否周到、是否能令消费者满意？

产品的差异化——是否有招牌菜？

卫生条件——菜品卫生是否合格？

合适的价格——价格有没有优惠，是否物有所值？

环境氛围——用餐环境是否卫生，装修是否有特色？

在了解风险的类别之后，我们就应该思考，如何找到自己的产品或者服务存在的个人风险。事实上，我们可以从用户的需求出发，站在消费者的角度思考他们在下单前会产生什么顾虑，找到他们的顾虑之后，我们就可以通过建立消费者对产品的信任，增加他们的购买意愿。

不过，很多人也会存在疑问，建立信任真的可以降低消费者的风险顾虑吗？当然可以！举个例子，我们在生活中很可能遇到这样的情形：当朋友或者同事推荐某款产品时，我们很容易接受产品信息，而且很有可能购买这款产品。为什么呢？因为我们信任他们，也信任他们推荐的产品。

那么，应该如何增加用户对产品的信任感呢？我们总结了三个方面的内容。

◆ 如何建立信任

如何让用户信任产品？我们可以通过以下几个影响因素找到答案：

①信任的第一个影响因素——实力

如果你想购买家具，首先会选择宜家、红星美凯龙这样的大品牌，还是一家名不见经传的小店铺？

公司招聘运营经理，你会选择毫无工作经验的应届毕业生，还是曾在大公司工作的运营高手？

事实上，实力能够证明很多东西，实力也能带来信任。当我们在购买商品时经常发现很多文案都会注明产品的销量，这就是证明实力的一种方式。可观的销量会给消费者一个信息：这么多人都买了，说明这个产品的质量有保证。如此一来，就建立了消费者对产品的信任。因此，我们也可以用类似的方法，在文案结尾展示品牌的实力，来赢得消费者的信任。

②信任的第二个影响因素——善意

我们先来思考几个问题：

如果海底捞餐厅的服务员发现你是一个人来吃火锅，于是坐下来陪你聊天，其间向你推荐某些菜品，在不考虑价格的前提下，你会拒绝吗？

如果在购物的时候，导购悄悄地跟你说，这件衣服质量不好，不要买，你会对她产生好感吗？

从这里我们就能发现，产生信任的另一个重要因素是什么呢？是善意。

因此，我们在创作文案的时候，也可以给出一些善意的提示，这样也能从侧面增加用户的信任度。

③信任的第三个影响因素——真实性

几乎所有的电商平台都会展示买家评论，其中有好评也有差评。我们会发现，有少量中差评的店铺生意并没有受到影响，反而那些清一色好评的店铺会让消费者产生怀疑。由此可见，客观真实地展示出某些信息，比一味地宣传产品的利益点更容易赢得用户的信任。

比如，抖音中的一些网络红人在做产品测评时会建议消费者不要买，这也是增加用户信任的一种方式。除此之外，能够增加用户信任感的因素还有很多，比如，文案中高质量的图片设计、多方用户的评论、名人背书、有实力的合作伙伴、庞大的用户群体、真人头像等，我们可以在文案结尾利用这些因素，来提升消费者对产品的信任度。

事实上，用户在真正掏钱埋单之前，他们的大脑会再一次进行理性思考，因为消费行为本身就隐含着不确定性，这种不确定性会让用户反复考量，思考自己可能面对的各种风险，如果这些风险得不到解决，他们就会放弃产品。

　　因此，我们要做的就是在消费者支付前打消他们的风险顾虑，在文案结尾利用实力、善意等因素建立信任，让消费者能够放心地购买产品。

第9章

造氛围：
让文案疯传，让产品狂卖

毋庸置疑的是，只有当文案自带了传播属性，并让人们更愿意转发的时候，它才能更好地发挥出"洗脑"作用，从而促进销售。所以，衡量一篇文案究竟好不好的一个重要杠杆是要看这个文案是否能产生裂变、疯狂传播。而要做到这一点，就需要我们在撰写文案的时候，去营造文案的传播氛围、增加文案的传播热度。

9.1 热点话题，人人刷屏，引爆全网

每年年末，各大网站上总会流传一个特殊的日历——营销日历，它会告诉你明年会有哪些热点，作为文案人的你明年或许就指着这些热点冲关键绩效指标（KPI）了。

在这个信息爆炸的时代，与其费力的造热点，不如追热点来得"安全"。只要你找准了热点，收割的目标粉丝也是精准的，比起那些"带货"性质的活动，"追热点"可以"潜移默化"地进行广告植入，进而促进消费者购买。热点自带流量，人们的关注度往往最高，打开率也会达到最高。

所以，作为一个文案人，追热点、造氛围完全属于基本技能，其中的"道"应该了然于胸。

◆ 什么是热点

如果你仅仅将热点理解为新浪的热搜就太狭隘了，只要是能吸引大众关注的新闻、信息、一句话、一个场景、一个人、一个问题都可以称得上是热点，它可以抓到用户某一个关注点，能够吸引到足够的流量和关注度，为下一步造氛围创造契机。

下面我们来了解几个经典的追热点案例：

【案例一：太太太爱你520情话挑战——方太】

2018 年 5 月 20 日，方太在抖音上发起了一个"太太太爱你 520 情话挑战"的挑战赛，整个活动有效播放量达到了 1085 万以上，有效播放率为48.4%。其中，佟大为的单标表白视频，在 24 小时内，互动达到 400 万条。

方太的抖音号粉丝从 0 增加到了 1.3 万，七天参与人数 1150 以上，方太这些年可谓是"不鸣则已，一鸣惊人"。

方太这次的文案非常契合抖音的粉丝群体，抓住了他们追求美好生活、敢表现的特点，同时又十分契合方太的品牌定位与企业愿景——"为了亿万家庭的幸福"。此外，方太的目标群体是有消费能力的年轻人，一般只有刚买了房等待装修的年轻人才会购买厨卫产品。本次活动方太在最短时间内抓到了用户的诉求点，在抖音引爆了整个活动，为促销打造了一个很好的氛围。

此次活动，方太选择了明星佟大为、关悦夫妇来"代言"，当佟大为在抖音视频里用特别俏皮的语气说着土味情话的时候，不少人的少女心都要蹦出来了。

佟大为的台词非常简单：

"你是什么血型？"

"A型。"

"不，你是我的理想型。"

要知道佟大为和关悦在娱乐圈可谓是明星夫妇，两人结婚十年依然恩爱如初。虽然他们不怎么秀恩爱，但是时间才是最长情的告白。

明星效应引爆第一波之后，方太启动了第二波，用抖音大 V 来带节奏，并且开始广告无缝植入。例如：

"你炒菜的时候会用抽油烟机吗？"

"当然啦！"

"我的心就像方太抽油烟机，你在我身边就哪也别想去。"

当帅气的小哥哥对小姐姐告白的时候，大家不仅感受到了其中的甜蜜，还潜意识地接受了方太的文案植入。以前看广告的时候大家会觉得很烦，哪怕是软广大家也不愿意接受。但是这种互动搞笑的文案，使方太吸引了一大波"自来水"，他们在这场盛宴里用自己的幽默写出了各种文案、段子，引爆了这次抖音挑战赛，创造了海量的传播。

【案例二：先刷脸再刷味——饿了么】

当年全球果粉集体高潮，因为 iPhone X! iPhone 8! iPhone 8 Plus! 三款苹果新机同时发布，当然最让人关注的还是苹果十年纪念款 iPhone X。iPhoneX 集成了苹果很多未发布过的黑科技，其中最让人激动的是其刷脸解锁功能。

当时很多品牌都蹭起了热点，饿了么也发布了一条文案：先刷脸，再刷味。

图9-1　饿了么蹭热点文案

这条文案非常契合饿了么的主业，同时它暗示自己的大数据技术十分厉害。这个文案拉近了用户和饿了么之间的距离的同时，还为 APP 注入了科技感，瞬间提升了饿了么的档次。

◆ **文案人追热点造氛围最正确的姿势是什么**

①注意积累

在没有热点的日子，你是不是可以休息了？作为文案人，你是没有资格休息的。在没有热点的时候，你需要不断积累素材。

01	02	03
注意积累	分工合作	凡事留一线

图9-2　文案人追热点的方式

有一些热点是重复的，比如，明星结婚、生孩子、秀恩爱、求婚成功、离婚，当然热点并不仅限于明星。平时你就要留意这些热点的动态，比如，某一个明星今天订婚，那么只要不分手总是要结婚的，你就可以把之前的素材拿出来再炒一遍。

A 明星的素材也可以用作 B 明星的热点延伸上。比如，A 明星今天穿了一条芭比粉的长裙走上某电影节的开幕式红毯，那么你可以将过往所有穿过芭比粉服饰参加某公开活动的明星穿搭图片全部调出来，这样可以大大减少你搜索的时间。

②分工合作

如果突然来了一个热点，你还没有准备好怎么办？这个时候一定要注意团队协作，比如，有人负责 P 图，有人负责写文案，有人负责想标题，有人负责排版和找推广的途径。正所谓"三个臭皮匠顶个诸葛亮"，众人同心协力，有时候还真能抢到热点的流量。

③凡事留一线

文案人在写文案的时候一定要注意不能绝对化，因为有时候热点是会反转的。比如，今天某明星被爆结婚，结果晚上他的工作室就发出声明表示两人只是朋友关系。但是热点出来的时候你完全没办法忽视，此时你就要注意措辞，不要给用户带来负面情绪。

◆ **追热点一定要注意度**

每天你会发现，热点像洪水一样，每天各个网络平台都在上新作品，创造新的热点。此时，你一定要注意，不是每个热点你都需要追。

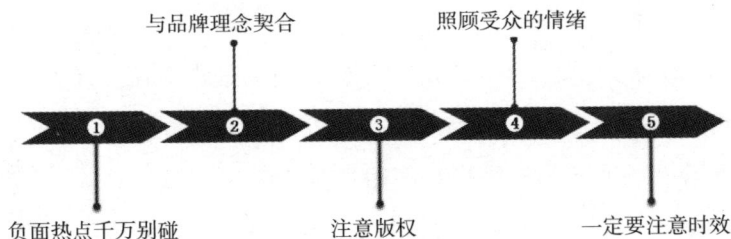

图9-3 追热点的注意事项

①负面热点千万别碰

有些热点千万不要碰，诸如那些对社会造成不良影响的新闻等。

②与品牌理念契合

追热点的时候一定要将热点所反映出来的点和品牌关联，千万不要强行借势。前段时间"上海垃圾分类""你是什么垃圾"非常火，但是几乎没有品牌追。垃圾和产品的组合，很容易让人联想到垃圾产品。

有一个腕表追高考热点就非常有创意，它利用"表"和"不要"的谐音，将考前考生要带2B铅笔，要多带一根笔芯，一定要带准考证等信息罗列出来，在文案中反复使用"表"来进行善意的提醒。

③注意版权

前段时间视觉中国因为一张"黑洞"照片的版权而成为全民公敌，因为它强行将公共版权的图片归到自己的版权目录下。版权问题是任何企业都不能忽视的。

④照顾受众的情绪

有些热点是比较敏感的，特别是用词，一个褒义词、一个中性词都可能遭到网络暴力，前期文案辛苦积累起来的品牌口碑可能瞬间崩塌。

⑤一定要注意时效

一般热点上线12个小时内，你的文案不能上线且被引爆，这热点基本上就算白追了。文案上线不是最重要的，重要的是传播与引爆。

◆ 蹭热点的文案到底怎么写

①寻找差异化的角度

品牌利用热点传播的目的是促进销售，并不是刷存在感或凑热闹那么简单。在蹭热点之前，文案人需要对自己的商品有一个立体的了解，了解它所有的可宣传点，找到与目标客户兴趣相契合的点。

同一个热点，同一个产品，都可以做出不同的高质量文案。别人从这个角度做了，你可以从另一个角度想到一个更好的文案，差异化的表达才有传播的价值。

比如，吉列追父亲节的热点，做了一个"拼爹游戏"，号召大家"晒"父亲、秀父子照、秀年代照，这个活动操作比较简单，通过微博、H5小游戏等进行推广之后，很快聚集了大量的人气。

②借助其他知名品牌或友商来提升热度

前面提到的饿了么就是借苹果 iPhone 来提升热度，这种蹭"苹果"的做法，卫龙也做得很好。卫龙将自己的包装升级为苹果的极简风格，然后模仿了苹果的设计，写出了"一包在手，天下我有"的文案为自己带货。

图9-4　卫龙推出极简风格的包装

要知道卫龙是卖辣条的，但是把辣条硬生生卖出了高端大气上档次的奢侈品的感觉。只要你想吃辣条，你想到的一定是卫龙，这网红氛围造就得十分成功。

③强互动

人不是独立生活在群体里的，品牌的传播、产品的推广都需要产生强互动。蹭热点就是借助热点本身，让潜在的目标用户看到你的产品。自身渠道的传播力度总是有限的，需要更多的用户分享，才能完成一次优秀的蹭热点。

春节回家总是一票难求，同程在春节期间发布了一则广告，以普通人的角度讲述了一个一波三折买票回家的故事。最后利用反转的手法在末尾说出：当你正在为回家而绞尽脑汁的时候，你的家人却在同程帮你安排好了所有的行程。同程用"离家·想家·回家"作为品牌推广文案，很快得到用户的情感共鸣，也让同程的春节抢票服务火了一把。

文案和图片都只是带货的临门一脚，吸引真正用户，然后还需要将用户更快地吸引到自己的店铺。最简单的方式是二维码跳转，将用户引导到你的淘宝店铺之中。

借势营销，就是要将产品和宣传有力地结合，以创新的方式来吸引用户的注意，最终形成强势销售。追热点的最高境界是引爆销售，如果追的热点对销售没有任何促进作用，也无法提升品牌的影响力，那这热点不追也罢。

9.2 明星、关键人物，不怕营销没热度

这个世界上谁最更热衷于营销、造氛围？众人给出的答案几乎都是"明星"。很多明星大红之后都会被各大品牌邀请代言，比如，在 2018 年大火的影视演员朱一龙，就是欧舒丹、萧邦、可口可乐、肯德基、巴黎欧莱雅、refa、膳魔师、施华蔻、味全酸奶、新倩女幽魂、妮维雅、水溶 C100、联想手机一众品牌的代言人。代言后，其粉丝"小笼包"的超强购买力提升了这些品牌的销售量与知名度。为了得到朱一龙的签名照，很多粉丝大清早就去肯德基排队买帕尼尼。代言水溶 C100 时，粉丝也是疯狂购买，整箱地买，很多商店都搬空了。请明星代言，对产品的营销作用是立竿见影的。

下面我们来看几个经典的明星带热度、造氛围的案例：

【案例一：严肃舞步，生来好动——Adidas抖音文案】

Adidas Neo 是 Adidas 旗下主打青春的一个子品牌，Adidas Neo 于 2018 年 1 月正式与抖音合作。合作之后，他们先后制作了"隔空鼓励应援生""我要一个脑洞抱""时尚起来没完没了"三个主题，邀请非常有人气的易烊千玺、迪丽热巴和郑恺来帮忙带货。

易烊千玺的短视频主题是"严肃舞步，生来好动"，以街舞教学为切入点，契合年轻人追风嘻哈、喜欢炫酷的心态。

此后，靠选秀节目出道的"乐华七子"也录制了一个"脑洞抱"的视频为Adidas Neo捧场，这个视频玩的是造型，契合年轻人猎奇、追求有型的心理。

【案例二：我选择，我喜欢——安踏文案】

当年安踏也只是晋江3000家鞋厂中的一家，直到1997年请到了营销高手叶双全。叶双全的建议是：希望安踏效仿耐克签约体育明星来做推广。这个建议被安踏的品牌商认可，1999年安踏以每年80万的价格签了当时乒乓球世界冠军孔令辉。孔令辉2000年拿到悉尼奥运会乒乓球男单世界冠军之后，安踏迅速跟进发布了"我选择，我喜欢"的文案广告。2000年安踏的销售额突破了3亿元，而在1997年安踏的销售额只有5000万。之后，德尔惠、特步、别克都开始邀请体育明星代言，但是效果却很难与孔令辉的代言效果相比。

◆ 明星带货存在的问题

图9-5 邀请明星带货的注意事项

①粉丝定位区隔

每个明星都有自己的特点和固定的粉丝群体，在选择明星的时候一定要将自己品牌的粉丝画像和该明星的画像进行分析，重叠部分较大的明星才能考虑邀请代言。

此外，明星也有自己的区隔，比如，艺术家陈道明的粉丝一般都是有思想、有品位的人群，如果你请陈道明代言微商，不管陈老师是否愿意接受代言，其粉丝也不会买账。

②分层触及粉丝群体

粉丝其实也分很多种，比如，死忠粉、散粉、路人粉等，他们对明星的关注度并不一样。文案人在写文案的时候，一定要注意一层一层向上，不同的粉丝用不同的策略去攻陷，才能深层次地开发所有粉丝的购买潜力。

短租网站爱彼迎将自己的品牌粉丝范畴分为四类：前沿生活方式者、旅行者、资深出境游旅行者、明星的粉丝，并选择了不同的渠道来推广。针对明星粉丝这一块，爱彼迎邀请了彭于晏和贝爷（贝尔·格里尔斯）来为其代言。在彭于晏的广告里，他一分钟从伦敦的 loft 住到了洛杉矶的山景豪宅，提出了"只有你想不到，没有你住不到"的理念，最后用"有爱彼迎，去哪儿都是家"的文案来造氛围。

③明星代言有风险

在过去，明星一般是先有作品，然后才有流量，现在却刚好相反，很多明星自己就是靠炒作，流量并不稳定。

某资深经纪人曾说："一线明星带来的粉丝效应也不过5%，二三四线明星估计只能让品牌混个脸熟了。"一些明星会因为一部烂电影、一个类似"室内抽烟"负面新闻而大面积掉粉，这样的情况相当普遍。因此，品牌商在选择明星带流量、造氛围的时候一定要考虑明星的长久热度，至少要在代言期内将明星的流量效应发挥到最大。

现在选择明星代言的品牌商非常多，小鲜肉又普遍缺乏独立的标签，所以经常会出现粉丝只知道自己的爱豆拍了广告，却不知道广告里"金主爸爸"是谁的情况。

④要注意节奏

明星确实可以帮助品牌吸引到足够的流量，但是能不能转换成销售额，还需要文案人坐下来好好思考。文案人需要将潜在的消费人群、明星 IP 的粉丝、品牌的流失粉丝和品牌能够影响的周边粉丝等因素，有效地调动起来，将其尽可能地转化为品牌粉。

比如，宝马将自己的广告植入"我的前半生"，同时又通过微信发布了袁泉拍摄的广告《不畏将来，不念过去》，将电视剧的热度进行二次发酵。

有的流量明星为了赚快钱，代言了大品牌，还会去代言微商品牌，这会让消费者觉得你的品牌价值和这几个微商的品牌价值其实差不多。

所以，明星代言用得好，带货、带热度、带氛围、带口碑；用得不好，不仅影响销量，还会使品牌掉价。品牌商在选择明星时一定要谨慎，选择明星之后要充分调动其"明星效应"将品牌的影响扩散到最大。

9.3　全民互动，引发参与，带动情绪

当今手机上网变得越来越方便，流量的获取却变得越来越难，而文案却越来越受到品牌商的重视。文案和活动、和产品是不能分割开的，很多活动靠文案来引爆，很多品牌也是通过各种文案与用户建立潜在的联系，用户也通过文案来"站队"。优质的文案可以渗透到用户的各种交际圈中，在当今时代，优质的文案是品牌竞争最基本的要素。

◆ **如何做出"刷屏级"的文案**

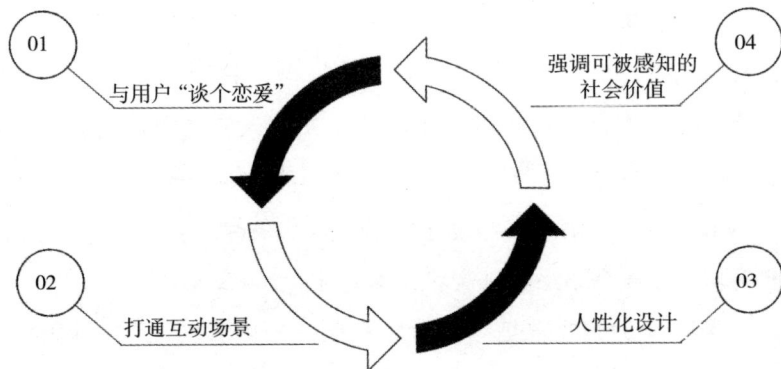

01 与用户"谈个恋爱"

02 打通互动场景

03 人性化设计

04 强调可被感知的社会价值

图9-6　做出"刷屏级"文案的四大方法

①与用户"谈个恋爱"

与产品本身的实用功能不同,文案强调的是"精神价值"。文案人需要通过文案告诉用户产品的价值,产品能改变他的生活。除此之外,文案人还需要借助文案在精神层面抓住你的用户。

②强调可被感知的社会价值

现在越来越多的品牌将公益、环保、扶贫、人权等元素加入自己的品牌关键词中,这些词可以增加品牌的社会价值性的话题,也能借助公益提高品牌的社会地位。

Desgrippes Gobé 公司的共同创办人马克·高贝的书中曾提到,一个致力于响应公众利益,以造福世界为己任的品牌,更容易在激烈的营销竞争中脱颖而出。

【案例一:女权游行——Chanel】

Chanel 在某年的春夏大秀中提出"女权主义嘉年华"的宣言,并在大秀举办的同时进行女权游行,当红的超模刘雯、孙菲菲、肯达尔·詹娜等诸多模特都举牌声援。

"老佛爷"亲自参与游行,超模们手中拿着"要时尚不要战争""女士优先""拥有你自己的风格"等口号的牌子的场景,被在场的摄影师疯狂拍照。该场景的照片与视频在网络上也是不断"刷屏",获得了众多女性的支持。

③打通互动场景

过往文案的推广更像"填鸭式"的教育,但是随着H5、微博、微信、短视频普及之后,文案的推广也发生了变化。文案人要做的是创建一个虚拟的有效互动场景,让消费者"动起来",让他们成为文案的一部分。这也是文案传播的一个支点,让消费者深度了解和认可你的品牌。

【案例二:百雀羚三生花抖音推广案例】

现在市场对国货的要求是"守得住经典,当得了网红",百雀羚三生花首先选择相机贴纸玩法,将花与颜值完美嫁接,促使消费者展现个人魅力的自信，同时强化消费者对百雀羚年轻化的认知。

当然，单凭贴纸不足以引爆营销，这只是百雀羚一波营销的前站。第二波，百雀羚启动了抖音"颜值三生花不完"挑战赛，通过文案增强用户的沉浸度。最终这轮挑战赛活动有78万以上抖音UP主参与，点赞7000万以上。

④人性化设计

人性中有几点效应很难忽视，羊群效应、稀缺效应、锚定效应。

羊群效应，就是基于别人的想法来作出判断，最后形成习惯。文案人要做的是通过你的文案，给自己加标签，引导消费者通过标签找到你然后认可你。

稀缺效应，利用人们害怕遗憾，不愿意失去的心理，来引导消费者消费，"饥饿营销"就是利用了这种效应。当你的文案里出现了"限时抢购""错过一分钟再等一年"的文字时，就可能增强消费者的焦虑，促使他们尽快买单。

锚定效应，人们在做判断的时候，第一印象往往起着决定性的作用。因为人的精力是有限的，很难分散精力去进行深度分析。很多女人买东西时，只要足够可爱、漂亮就会去购买，而不会去深思自己是否真的需要，就是锚定效应的表现。

文案人在通过文案打造品牌认知和品牌联想时，一定要非常注意人性化的设计，因为这一设计可能会在很长一段时间内引导消费者消费。

◆ 刷屏活动真正实操应该怎么做

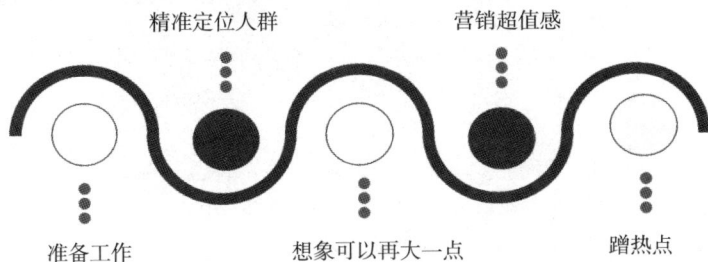

图9-7　刷屏实操

①准备工作

明确活动需求：在创作文案之前，一定要明确活动的需求，这一点需要文案人和领导商榷后确定。

明确活动的渠道：一个活动可以在线上做，也可以在线下做，甚至可以线上、线下同时做。在活动的渠道的选择上，可以选择在抖音做，也可以在微博做，甚至可以通过 H5 来进行传播。文案人需要明确活动的发布渠道，有针对性地进行文案创作。

②精准定位人群

在文案创作之前，你还需要了解你的用户是哪些，最好能做一个精准的消费者画像，知道消费者的喜好、职业构成、年龄段等基础信息，正所谓"知己知彼，才能百战不殆"。

③想象可以再大一点

创新是文案刷屏的基础，新颖、有趣、有价值的文案才能得到足够的转发。当年网易新闻联合饿了么开了一家"丧茶"快闪店，以自我嘲讽和释放负能量为出发点迅速引爆了整个网络。

图9-8　丧茶图片

④营造超值感

简书 APP 和魅族做过一次"神转折大赛"，向大众征集有魅族品牌植入的文章，它的文案是这么写的"我就是要送你一万块！简书神转折大赛"，直接拿一万块说事，迅速博得大家的关注。

⑤蹭热点

想要刷屏，蹭热点或许是比较好操作的途径，前面一章也提到了，这里不多说。

总之，想要创造"刷屏级"的效果，文案人在其中扮演着非常重要的角色。文案不仅要引人入胜，也要符合自身的定位和品牌的调性，文案人能拿3000元还是30000元的工资，就看自身的功底了。

9.4　让文案自带传播属性

在文案的创作中，无论是老手还是新手，都会碰到灵感枯竭的情况，无法想到更有创意的文字表达方式来展现产品的功能和品牌形象。这是很常见的问题，文案人都想打造超级品牌，用最低的成本来进行传播，但是有时候确实有心无力。

接下来，我们将探讨如何让文案自带传播属性。

首先，我们来了解几个知名广告文案：

充电五分钟，通话2小时。

怕上火，喝王老吉。

地球人都知道。

海澜之家，男人的衣柜。

赶集网，啥都有。

有了肯德基，生活好滋味。

……

这些广告文案并没有太多的文采，也没有多么高深的意境，但是它的传播效果十分好。

◆ **自带传播属性文案的特质**

①唤醒消费者的需求

人性是自私的，他们只关心对自己有好处的内容。

胃痛胃酸胃胀，就用斯达舒。

得了灰指甲怎么办，得了灰指甲,一个传染俩,问你怎么办,马上用亮甲。

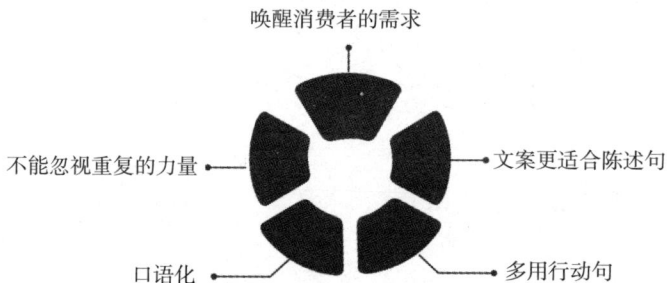

图9-9　自带传播属性文案的特质

孩子个子长高不感冒！老人腰好腿好精神好！女人面色细腻红润有光泽！黄金搭档补足钙铁锌硒维生素。

以上三个是非常成功的药品文案和保健品文案，它寻找到了消费者明确、具体的诉求点：可以帮助病友解决胃痛、灰指甲和帮助大众补充营养。看完之后，只要是有这方面需求的消费者都有想了解一下的冲动。

②不能忽视重复的力量

如果你留意海飞丝的广告，你就会发现，这么多年无论邀请彭于晏还是请鹿晗、蔡依林、贾静雯代言，广告的内容都在强化一句文案"专业去屑"。

下面几句广告词在文案中就运用了重复的力量：

燕舞，燕舞，一曲歌来一片情。

恒源祥，羊羊羊。

你……没事儿吧？你没事儿吧？没事儿吧？……没事儿就吃溜溜梅吧！

虽然这样的广告有时候让人觉得啰唆，但是自带魔性的广告词还是得到了品牌商的认可。

③口语化

为了便于大众传播，文案不仅要做到简单易理解，而且要易于转述。除了注意平仄韵律之外，古诗词、俗语、歌词等都可以拿来套用，因为这些东西比较能形成记忆，在短时间里给人的脑海留下深刻的印象。

比如，赶集网邀请杨幂拍摄的广告里曾用过的一句广告词，很明显就是照抄儿歌《小毛驴》："我有一只小毛驴，却从来也不骑。找房子，找工作，找装修，找保姆，招宠物。卖二手货。赶集网，啥都有！"

阿里巴巴的名称来自《天方夜谭》里著名故事《阿里巴巴与四十大盗》的男主姓名，"娃哈哈"来自儿歌《娃哈哈》，"百度"来自辛弃疾的词"众里寻他千百度"。只要与品牌有重合点，不违法的语句，都可以直接拿来套用。

④多用行动句

屠洪刚的"精忠报国"就是行动句的一种，非常振奋人心。行动句的使用，可以督促大家去行动。消费者看到了这样的文案，也很容易被其中的气氛所感染。

比如，

小米的文案——为发烧而生。

香飘飘的文案——小饿小困，喝点香飘飘。

这种动宾结构的文案非常适合传播。

⑤文案更适合陈述句

行动句号召大家赶快行动，陈述句就是给大家一个行动的理由。陈述句虽然感觉起来比较温柔，但其中所蕴含的力量却非常大。

比如，

劳斯莱斯的文案——这辆车时速60英里时，最大的闹声来自电子钟。

VIVO手机的文案——1600万柔光自拍，照亮你的美。

加入了数字的陈述句往往杀伤力更大，因为人们对数字的敏感超乎你的想象。传播中到底应该使用行动句还是陈述句，实际上只是一个时间问题。一般在品牌的建立初期，一般要保持谦虚，用陈述句在这个阶段会更好。到了品牌稳定的阶段，有了一定的知名度之后，用行动句更能激发消费者购买的激情与欲望。

以上描述的主要是品牌文案，大多来自品牌部或者市场部的文案人之手。在社交媒体上，你往往可以看到这样的文案，它们相对比较"散"，更多倡导的是一种虚拟的生活方式、一种感受，主要靠走心来赢得用户的转发。

下面我们来分析几个案例：

【案例一：网易云与杭港地铁合作的乐评专列】

网易云音乐作为一个知名的音乐 APP，为大众所知。这次活动网易云音乐将用户的乐评精选出来制成文案，将其贴满整个杭州地铁一号线。这些广告文案使网易云在大范围的社交网络传播，进而为网易云音乐带来了巨大的关注量，最终带来付费会员潮。

你别皱眉，我走就好——刘若英《很爱很爱你》下的乐评

我听过一万首歌，看过一千部电影，读过一百本书，却从未俘获一个人的心——陈粒《奇妙能力歌》下的乐评

这样走心的文案需要大量的文案创作，如果不能使大众参与其中，仅靠公司或者广告公司的文案人来创造，工作量是非常大的。

【案例二：抖音品牌吸睛文案】

抖音上有人发起热门歌词大赛，其中不乏品牌文案高手的小试牛刀。

若是你会迷路那么我当你的眼——地图导航广告

昙花只一现，所以更要开得耀眼——相机广告

每一首歌都有专属于每个人的故事，听自己喜欢的歌、听自己喜欢的人唱的歌，都是一件甜甜的事——某音乐APP广告

这样的文案内容、标准并不统一，虽然从方方面面都提到了使用产品的感受，但是核心诉求点并不是很明显。不可否认，它的社会化规模传播效果会更好，在一次次的传播过程中，会让更多的人了解你的产品。如果你想做

一对一精准推广，品牌文案虽然是小范围曝光，可是营销性却更强。

◆ 为什么刷屏级文案都简单易记忆

①减少记忆成本

心理学里有一个观点叫"知识的诅咒"，意思是说当你获得某种知识之后，你就很难理解不知道这个知识的人的想法。比如，当你天天用支付宝购物的时候，你不能理解为什么还有人用现金去买东西。

在写文案的时候，你会发现你自己很懂，但是写出来的东西别人无法理解，你的"知识"被"诅咒"了。为了降低"知识的诅咒"带来的记忆成本，文案人需要请一批又一批的人来阅读自己的文案，抹杀掉其中的"知识"，用最直白、最简单的方式来传达品牌想要表达的内容。

②减少传播成本

研究表明，通常情况下人们能记住的词语不超过七组，而且很快就会忘记。所以，品牌商必须靠一个又一个的广告唤起消费者的记忆，加深他们的记忆，让他们在有需求的时候能第一时间想到自己。不仅广告，文案也一样，需要在有限的几句话、几个字里重复曝光品牌的核心点。

很多品牌商都希望自己产品的所有的卖点都能写进文案里，感觉不说十几、二十几个产品优势都不好意思说自己是领军企业、知名品牌。但是从消费者的角度来说，卖点越多越难接受，看完文案能记住一个点就很了不起了。"瓜子二手车直卖网，没有中间商赚差"是处理得比较好的文案，一句话讲出了客户最想听到的东西。

文案写得好不好，不是品牌商文案人说了算，也不是总监说了算，而是消费者说了算。只有能扩散、能营造销售氛围的文案才算是成功的。

第10章

神变现：
让用户情不自禁下单，让销量翻倍

归根到底，文案是服务于销售的，它的终极目的是刺激消费、实现变现，从某种程度来说，文案即使写得再华丽，如果用户不下单，也是在做无用功。在本章中，我们将从文案变现的实用方法入手，手把手教您写出"叫好又叫座"的高转换率文案。

10.1 一切不以高转化为目的的文案都是"耍流氓"

文案写出来了，最终检验效果的不是文案人自己或者老板，而是能否转化。试想，如果我们花了几天几夜打磨出来的文案，最后投放市场之后的反响平平，转化率很低，心情一定是沮丧的。

这是什么原因呢？

有人说"文案的转化率低是因为文字表达得不够，文笔一般，文案写得不够好"……如果你有这样的想法，那么请你问一下自己：你会因为某一个文案的文采而去选择购买一个产品吗？相信大部分消费者没有如此感性。

事实上，很多文采好的人写出的文案转化率也很低。最大的原因是：写文案的时候，没有从消费者的消费心理出发，只是为写文案而写文案。

这就好比是我们学生时代写作文一样，如果脱离了要求，抓不住主题，即使你的文章写得再华丽也得不到高分。卖货文案如果不能获得消费者认可，脱离了消费者的消费心理，自然不能促使消费者下单购买。

从消费行为学上分析，大部分消费者的购买心理会经过以下五个阶段：

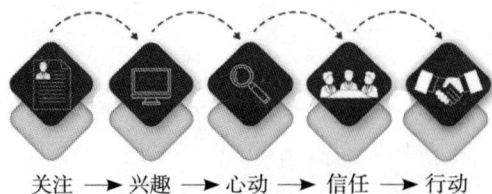

关注 ——> 兴趣 ——> 心动 ——> 信任 ——> 行动

图10-1 消费者的购买心理

第一阶段：关注

"该商品有没有吸引了我的注意力？"——比如，看到"小郡肝串串香"

这个餐馆名字很有意思，吸引了你的关注。

第二阶段：兴趣

"该商品是不是我感兴趣的东西？"——比如，你发现一家店的菜单都是你喜欢的，产生了兴趣。

第三阶段：欲望

"该商品激起了我的购买欲望了吗？"——比如，菜单介绍的图片和文案都让你垂涎三尺，说明已经勾起了你的购买欲望。

第四阶段：确信

"该商品是不是安全有保证的？"——比如，看到已经勾起购买欲望的商品是经过权威认证和达到国家安全标准的，且还有某名人代言，这很可能会让你产生购买行为。

第五阶段：行动

满足以上心理过程，你很有可能就会下单购买了。

所以，能让消费者产生购买的文案一定是以消费者的购买心理而设计的，并以此来一步一步打动消费者购买产品。换句话说，能产生高转化率的文案要具备以下四个要素：

吸引点：首先要让消费者从众多商品中关注到你的产品。

卖点：把吸引目标用户的兴趣和欲望的产品重点写出来。

信任点：消除消费者的风险顾虑。

转化点：让消费者马上下单和明确购买方式。

通过将高转化率文案的四个要素和消费心理阶段结合，可以得出一个文案在产品转化中的作用曲线图。这个过程就好像一个"相亲过程"：首先，初次见面的两个人对彼此的第一印象是至关重要的，要有吸引点来吸引对方（吸引点）；其次，双方互相了解，介绍自己的优势，让对方对你产生兴趣（卖点）；接着通过多次约会来加深了解，进一步打动对方（信任点）；最后是谈婚论嫁，走向婚礼（转化点）。

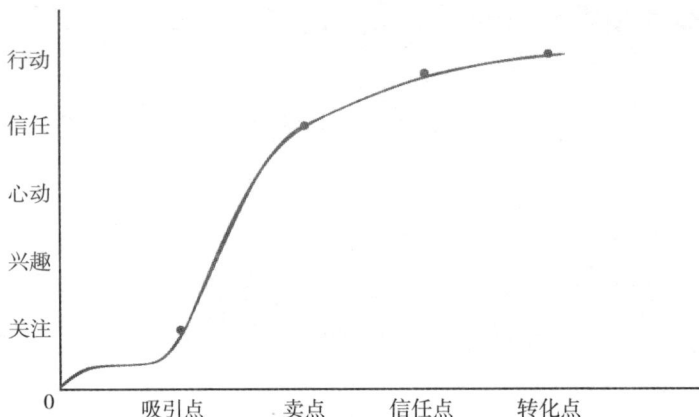

图10-2　文案转化作用曲线图

相亲是男女双方在打动对方而促成一段感情，而产品文案就是在打动消费者下单购买。

◆ **如何提高文案转化率**

从上文中我们了解到能让消费者下单的文案需要具备四个要素，下面我们从这四点来一一讲解怎么提高文案的转化率。

①吸引点

在这个信息爆炸的年代，消费者每天面对的都是满屏的信息，如果你创作的文案不能从众多的信息中脱颖而出，引起消费者的注意，就不可能为成交转化做下一步的铺垫。

要让自己的文案从海量的文案堆里"冒"出来，吸引消费者的注意力，这里有两个技巧：

第一个技巧：对比反差。

人很容易被有巨大反差的事物吸引注意力，比如，

【案例一：一节更比六节强——南孚电池】

"一"怎么可能大于"六"？南孚电池就使用了对比反差的写法，用最简单的数字对比彰显自家电池的强劲电力，一节南孚电池可以抵得上六节普通电池。消费者看到这条文案，当然会被吸引。

【案例二：京东秒杀日，今天特别大——京东618大促文案】

京东在618期间推出的"京东秒杀日，今天特别大"的海报文案，将秒杀降价与世界名画相结合，形成强烈的思维反差，打造熟悉又陌生的全新视觉，强调优惠特别大的促销卖点，令人印象深刻。

图10-3　京东海报

第二个技巧：绑定关注话题。

除了对比反差，还可以绑定现阶段消费者容易关注的话题。比如，爱情、工资、手机、嘻哈、马云等话题，都是目前很多人会去关注的信息。

【案例三：360安全大脑提醒您：道路千万条，安全第一条——360】

在2019年春节期间播出的电影《流浪地球》成为人们热议的话题，其中"道路千万条，安全第一条；行人不规范，亲人两行泪"的台词家喻户晓。于是，360安全大脑抓住了这个热议话题，创作文案，起到了良好的宣传作用。

②卖点

每一个卖货文案都需要一个核心来让消费者产生兴趣和购买的欲望，这就是卖点。

那么文案里是不是卖点越多越好呢？当然不是。一条文案中过多的卖点只会让消费者产生视觉疲劳，凸显不出产品的最大特点，反而影响转化。所以，一条好的文案，只需要突出一个最重要的，也是最能触及消费者痛点的那个卖点就好。

卖点的寻找涉及用户的洞察、竞争分析和产品设计等内容，本书的第四章已经详细讲解。这里只是为大家提供一个思路——可以从产品的功能、场景、感官、价格等角度去找产品的最大卖点。比如，

【案例四：一家专门做特卖的网站——唯品会】

功能，即对消费者来说，该产品的主要作用是什么。唯品会的文案直接点明了其最大的功能卖点就是"专门做特卖"的。

一家专门做特卖的网站

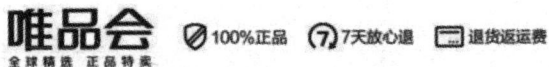

图10-4　唯品会文案

当消费者经过吸引而关注到我们的文案的时候，消费者一定会想，这个产品到底对我有什么用？这个时候，文案的内容就可以写出产品的卖点，进而继续吸引消费者产生购买的欲望。

③信任点

所谓的信任点是消费者对产品的信任，也是你能拿出让消费者产生信任的证明。当消费者走完前两步之后，就会考虑到购买产品所产生的风险。这个时候，文案的作用就是拿出一些证明来体现我们的产品是可靠的，打消消费者的顾虑。

比如，下面是一款洗发水的两个文案：

【案例A：这款洗发水我爸用了都说效果好】

【案例B：这款洗发水成龙用了说效果很好】

这两个文案，如果你是消费者，你会信任哪一个？

不用我说，大部分人对 B 文案的相信度比 A 文案高。因为成龙是国际名人，更让人信服。

所以当我们写到这里时，可以使用请明星代言、提供权威专业的证明、让使用过的人开口等方式来突出产品的信任点，打消消费者的顾虑。

④转化点

所谓转化点即转化渠道，是促使下单和转化的方式。

很多文案写得很好，但在最后的关键时刻缺少关键的转化点：一是没有促使用户马上下单的冲动，二是没有产品后续的购买方式。

在广告信息泛滥的时代，假如今天有 100 个消费者看到你的文案之后产生了准备购买的行动，可过了三天之后还会有 100 个人记得你的文案吗？答案是不确定的。所以，要想让消费者产生转化，最好的方式就是让消费者立即下单购买。只有如此，消费者才会记忆深刻。不能促使消费者马上下单，再好的文案也会流失。

配合文案做转化点的办法有限量销售、打折优惠、活动庆典等。

产品宣传得好，等于完成了 100 步中的前 99 步，但是最后一步的购买方式也很重要。在创作文案的过程中，一定别忘记了考虑到消费者的成交方便，尤其是在互联网时代，要让客户方便快捷地找到付款入口，不漏掉一个客户。转化方式一般可以为网址、二维码等形式。

总之，具有足够高转化率的文案，都会被市场奉为经典。都说市场是检验文案好坏的唯一标准，只有以消费者心理为出发点、掌握有效方法的文案，才能提高产品的转化率。

10.2　沟通力：四大步骤教你写出"叫好又叫座"的文案

　　一篇文案即便写得再好、再精妙，如果不能变现，那么它也是不合格的文案。

　　那么，如何才能写出能变现的卖货文案呢？

　　严格来说，在整个的销售环节中，文案其实是处于最末端的，它所起到的作用是依据所制订的营销策略，与消费者进行深度沟通，从而为营销提供竞争性利益，促使消费者产生购买行为。

　　这也就意味着，要想写出高转换率的文案，就必须将工作往上延伸，充分结合营销策略、销售策略、价格策略等营销要素，分析产品属性、定位目标人群、梳理产品卖点，提炼出能与消费者进行沟通的文字。下面，将从这四个方面，手把手教大家写出"叫好又叫座"的具有沟通力的文案。

　　◆ **第一步：分析产品属性，制定沟通策略**

　　走心的文案虽好，但不一定能让顾客埋单。

　　比如，对于一些奢侈品品牌、时装品牌而言，它们本身所具备的个性和态度就是让消费者产生购买行为的"卖点"；但对于诸如创可贴、电池、电磁炉等日常用品而言，个性和态度可能就失去"魔力"了，消费者买它们，一般就是出于自身的生活实际需求。

　　这就意味着，当产品类型不同时，文案与消费者进行沟通的方式也应该不同。所以，写出高转换率文案的关键第一步就是要分析产品属性、制定沟通策略。

如何操作呢？或许，我们可以从美国学者罗斯特和珀希说制定的"商品象限图"中得到一些启示。

根据消费者的不同消费动机，以及消费者在面对不同产品时的不同心理活动和在决策购买过程中的不同表现，罗斯特和珀希将商品归纳为了下图中的四个象限。

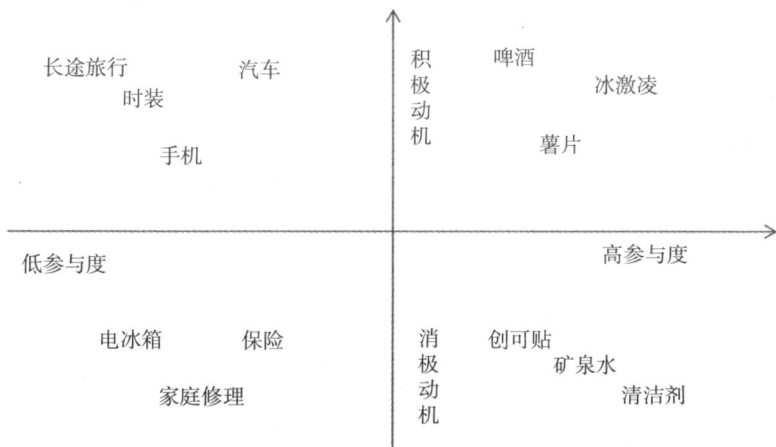

图10-5 商品的四大象限

通常，对于包含在动机积极象限内的产品，消费者在购买时感性的诉求会比较多一点；相反，对于包含在消极动机象限内的产品，消费者在购买时往往会进行更理性的分析，然后再决定购买与否。下面，笔者将根据图中各个象限内产品的不同特征，分别来分析一下它们各自应采用的文案沟通策略。

①第一象限：啤酒、冰激凌、薯片类产品

这类产品的主要特点是价格较低，消费者在购买过程中也不会花费过多的时间和精力去纠结和对比，并且它们能带给消费者乐趣，所以消费者在购买时，动机是积极的。

在写作此类产品的文案时，要特别注意把握产品的情感属性，通过增强消费者的情感体验去促使成交。比如，乐事薯片的文案——"乐事不同"，就是突出了产品的情感属性"乐"字。

②第二象限：汽车、旅行、时装、手机类产品

购买此类产品时，消费者投入的心智较多，在研究产品、总结产品信息上花费的时间也较多，并且这种投入往往是带有积极动机的，在整个购物过程中，消费者也是愉快的。

对于这类产品，文案写作的重点应该是突出品牌个性，并将这种个性与消费者生活价值观结合起来，直击消费者痛点，让品牌个性成为其价值观的一部分。

【案例一：天马行空，不如和我去仰望星空/我要开门见山/与己方便，也与人方便——宝马MINI】

不难看出，上述三条文案都突出了宝马 MINI 的品牌个性，成功塑造了宝马 MINI 灵动、自我、直爽、爱好交友的形象。并且，它们都做到了将品牌的个性与消费者的自身情感相结合，当消费者在看到这些文案后，在自我映射的过程中，自然而然就会产生一定的共鸣。

③第三象限：电冰箱、保险、家庭修理类产品

在购买此类产品时，消费者也会投入较多的心智，不过和第二象限不同的是，消费者的参与动机往往是消极而理性的。

对于这类产品而言，其文案写作的要点应该是运用清晰的逻辑去突出品牌自身所具有的优势，增强产品的说服力。比如，某家保险公司的文案——"每一位保险单持有者请注意：你身后是六十一亿美元坚强的靠山"，就是突出了自身实力雄厚的优势。

图10-6　宝马MINI的广告文案

④第四象限：创可贴、矿泉水、清洁剂类产品

和第一象限一样，此象限内的产品因为价格低廉，消费者投入的心智也较少。但与第一象限内的产品不同的是，因为缺乏乐趣，消费者在购买此类产品时的动机往往是消极的。

对于这类产品而言，我们在进行文案创作时应把重点放在引导顾客购买上。以可口可乐为例，它的"昵称瓶""社交瓶"等文案策略，就是将文案塑造的情感与顾客心理相结合，突出品牌的温馨形象，从而很好地引导了消费者进行购买。

◆ 第二步：定位目标人群，了解购买需求

在进行文案创作时，还必须弄清楚这些问题：文案的目标人群是谁？在哪儿？特征是什么？通过文案，消费者能获得什么？

而想要回答上述问题，我们就需要将自己代入消费者的生活场景中去，并对消费者及其生活场景进行深入分析，以一个文案受众的身份来进行创作。

可以肯定的是，定位目标人群并深入了解目标人群，有时候比了解产品更重要。这是因为，了解了目标消费者后就会想其所想，就能更好更准确地找到消费者的购买需求。而这样创作出来的文案往往具有更强的说服力和引导力。

当然，在这个过程中，如果你能够尝试用消费者喜欢的语言和形式去描述产品的卖点和品牌的个性，那么你写出的文案就能够更好地刺激消费者的购买欲望。

对目标人群进行了定位后，接下来要做的就是充分了解并挖掘他们的购买需求。通常消费者的购买需求主要有以下五点：

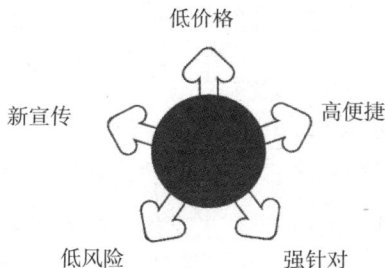

图10-7　消费者的购买需求

当了解了消费者的购买需求后，一般来说，文案的写作基础就奠定了。不过，这是否意味着文案可以成功将消费者吸引过来呢？答案显然是否定的。接下来，我们还需要梳理产品"卖点"，进一步刺激消费者。

◆ 第三步：提炼产品卖点，刺激消费者购买

文案的最终目的是卖货，而要达到这一目的，就需要我们在进行文案创作的时候将产品的卖点提炼出来，并通过文案巧妙地传递给消费者。

所谓产品卖点就是产品核心的竞争力，即让产品能够在同类中脱颖而出的那一点。通常对于不同的对象来说，产品卖点的意义也不一样：对消费者而言，它是痛点；对团队而言，它是销售的发力点；对产品而言，它是保持竞争力的优点。

一般来说，提炼产品卖点必须把握两个基本原则：

一个是单一原则产品的卖点不宜过多。

有时候产品的卖点不止一个，那么在提炼时，就需要充分考虑消费者的兴趣，选择消费者最感兴趣的那一个或者认知度最简单的那一个作为卖点。

另一个是产品卖点清晰鲜明、有特点。

产品的卖点必须容易记忆、简单易懂、表述清晰，让顾客过目不忘。唯有此，产品的卖点才能更好地被消费者接受和铭记。

关于产品卖点的提炼，在这里给大家推荐一个简单有效的方法——64宫格法，步骤如下：

先画一个坐标轴，在原点处写上某产品的卖点，如"江小白卖点"，然后将目标用户的关键词标在x轴的正向，将卖点关键词标在y轴正向，将行业热点人物写在x轴负向，将痛点和共鸣点标在y轴负向。

再结合之前所写的关键词、联想画面，将关键词填进各个象限。

当按照上述方法填满表格的时候，产品的卖点也就出来了。

除了64宫格法外，在提炼产品卖点的时候，还要有一个有效的参考方法，就是了解竞品文案，从中找出别人已用、你不能再用的卖点。

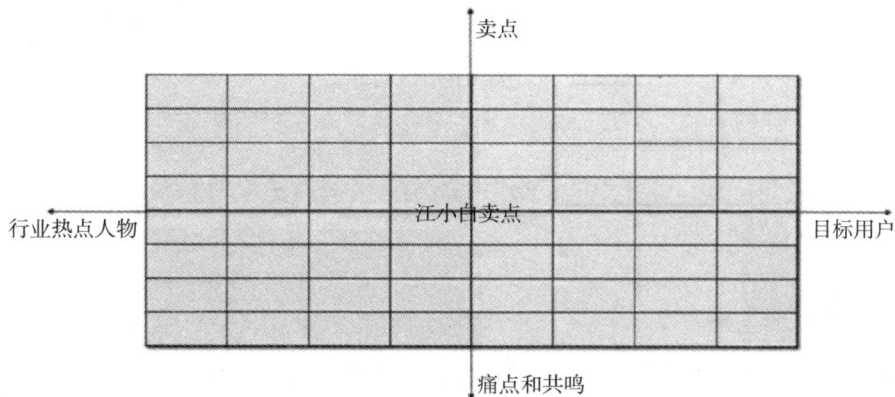

图10-8　64宫格挖掘产品卖点

当产品卖点确定了之后，下一步就是要通过文字调动感官刺激，把顾客代入设定的场景中去，将卖点呈现给消费者。

◆ 第四步：润色

前三个步骤完成后，一个高转换率的文案框架大致就搭建好了。此时我们需要进行关键性的第四步——给文案润色。在这个过程中，需要着重把握两点：一是文案形式，即是采用单纯的文字叙述，还是采用图文结合的表现形式；二是文字调性，即用什么故事、什么案例来反映产品特点。

通常根据文字调性的不同，我们可以将文案分为力量型和诱惑型两类，前者的主要特点是能够唤起消费者的渴望，激发消费者的购买行为；后者的主要特点是能够激发消费者的好奇，让消费者充分参与进来。

在写作方式上，这两种文案也各有侧重点。一般来说，力量型文案多采用能让文案活起来的动词和短句；而诱惑性文案则主要是通过营造可视化场景来调动消费者的情绪，并利用产品来解决场景中出现的问题。

总之，无论文案属于什么类型，都需要反复修改推敲，要知道一篇吸引眼球又能促进消费的好文案一定是经过精心打磨的。

10.3 信服力：满足消费者诉求，实惠与时尚缺一不可

文案的目标是运用文字与消费者交流和沟通，打动其内心，使其认可我们的想法，最后心甘情愿地购买产品。要想实现这一目标，文案的内容就必须满足消费者的诉求。

每个人所做的事情都会有一定的诉求，比如，吃饭是为了充饥，天气转冷时穿厚衣服是为了让身体暖和起来。消费者在做出购买行为时，其内心也有诉求，只有勾起了他们的购买欲望，产品才能销售出去。

在产品的推广中，文案的重要性不言而喻，它可以展示产品的卖点、服务和品牌理念，传递出产品或品牌所具有的情感和价值观。当其中某一点正好符合消费者的心理诉求时，他们的购买欲望就会被刺激而产生。

一般而言，消费者的诉求都包括哪些方面呢？因为消费群体种类繁多，消费场景具有很强的不可控性，所以消费者的诉求也多种多样，但有一些不变的核心诉求。接下来为大家介绍消费者的三大核心诉求。

◆ 关注产品功能

有的消费者主要关注产品的功能，即实际价值，他们不会太在意产品外观设计、附加值等对功能没有太大影响的因素。

比如，女性消费者在购买面膜时最关心的是面膜补水和美白的效果，而面膜产品的包装是否美观对她们来说只是产品的附加值，不是其购买产品的决定性因素。因此，在撰写这类文案时，文案人员要重点描述产品的品质、功能、技术和安全性等方面，强调其实际价值，从而使消费者一眼就可以判

断该产品是否是自己需要的。

有一点需要注意，我们在写产品卖点时切忌过于明显地自卖自夸，比如，单纯强调产品拥有的功能、采用的先进技术等，如果没有验证产品卖点的材料，该文案的说服力不会太强。

因此，为了满足实用型消费者的需求，我们可以借助以下两种方法来赢得他们的信任。

①借助数据

人们常说"口说无凭""事实胜于雄辩"，这就要求我们要用真实数据来证明产品的卖点，不但可以使消费者对产品有更深刻的印象，而且还能使他们更信任产品的功能。如果只注重华丽的辞藻，在强调消费者的购买理由时说得头头是道，但没有事实来证明，就无法使其信服。要想让消费者购买我们的产品，就必须用文案说服他们，而数据是增强说服力的有力工具。

【案例一：坐垫由8头英国牛的牛皮所制——足够制作128双软皮鞋】

在劳斯莱斯汽车的文案中，消费者可以很直观地通过"8头英国牛""128双软皮鞋"这样的数据，了解到汽车坐垫很大，并联想到汽车内部必定宽敞、舒适，这样的文案就很有卖点，并突出了自己的竞争优势。

②展示使用场景

我们可以向消费者展示产品的独特卖点，比如，优越性能，用文字勾勒出产品的使用场景，让消费者在阅读文案时可以在自己的头脑中生成一幅生动的画面，从而更清晰地认识产品功能，进而产生购买产品的欲望。

Nike是一个全球著名的体育运动品牌，它曾推出一则经典的广告文案：

【案例二：你决定自己穿什么——Nike】

"找出你的双脚，穿上它们。跑跑看、跳一跳……用你喜欢的方式走路！你会发现，所有的空间都是你的领域，没有任何事物能阻止你独占蓝天！意外吗？你的双脚竟能改变你的世界。没错，因为走路是你的事，怎么走由你决定！当然，也由你决定自己穿什么！"

Nike的这则文案把走路这一件平凡得不能再平凡的小事升华到改变世界

的高度，代表年轻人传达了"主动进取""证明自己"的精神。运动是一件非常纯粹的事情，不必寻找太多理由，只要保持着一种心情，配备一套简单的运动装备即可。这则文案正是通过展示一个很小的场景，淋漓尽致地展现了运动品牌的张力，很容易使消费者产生购买的欲望。

◆ 关心价格

有的消费者主要关心产品的价格，对于他们来说，产品价格是其是否购买的决定因素。假如某个消费者在淘宝买东西时按照价格由低到高的顺序搜索商品，这个人就属于价格敏感型消费者。

这类消费者以价格为导向，会在众多同类产品中反复对比价格差异，为此花费大量时间和精力，最后选择价格最便宜的那个产品。与价格相比，这类消费者并不太在乎产品质量、功效和外观等因素，而对打折促销、满减活动和包邮等信息更为关注。

因此，我们要采用各种方法向消费者传达产品性价比高的信息，使其立即购买，以免失去更多实惠。下面为大家介绍两种与此相关的文案写作方法。

①直接说出优惠信息

既然消费者对价格十分敏感，我们就不要花太多精力去作铺垫了，可以直截了当地展示产品的优惠信息，使消费者在阅读文案的第一时间就被吸引住，并戳中其痛点。超市或电商平台在开展促销活动时就会非常直接地说出"买一赠一"等优惠信息，使消费者知道自己能够享受到半价优惠。

②用对比突出价格优势

我们可以为推广的产品提供价格参照物，以此来对比价格，比如，将推广产品的价格与过去的同一产品价格相对比，或者将推广产品的价格与同一时期的同类产品价格相对比，使消费者知道该产品的价格优势。

比如，有一家教育培训机构撰写了一则这样的文案：

【案例三：预存500，换1400元学费抵用券——六安童画文案】

六安童画是一家少儿美术培训机构，在双11期间，这家机构在抖音上发布了优惠活动"囤用品不如囤学费"，活动的文案十分"简单粗暴"，通过金额的对比把优惠具象化，让消费者一眼就看得明明白白。"预存500，换1400元学费抵用券"，这句文案明确地告诉了消费者，预存500元，就可以抵1400元的学费，优惠力度达到了900元。这样的文案虽然简单直白，也没有华丽的辞藻，但是它通过对比突出了价格优势。

图10-9　六安童画在抖音上发布的"双11"优惠活动

"一片儿顶过去五片儿"是新盖中盖牌高钙片推出的广告文案中的一句，这则广告语尽管对比的是产品的量，但同样很形象地展示了产品的价格优势。因为花同样的钱就能买到更多的产品，这对于价格敏感型消费者来说有很强的吸引力。

③用具体事物表现出优惠价格

我们可以巧妙地运用具体事物来表现出价格的优惠，以此来展现价格优势。比如，"平时买一件的钱，现在能买两件""买××手机可以多喝两杯星巴克，和朋友边刷抖音边喝咖啡"等。

◆ 追逐时尚潮流

很多年轻消费者就属于这类人，他们喜欢购买最流行的产品，不管是手机、相机还是鞋子，他们都更关注产品是否时尚，符合时代潮流，有无独特性，而不怎么在意产品的价格和性能。

这些人大多有猎奇和求新心理，文案人员可以充分利用他们的这种心理，在文案中强调产品的别致造型、新颖款式、与网红同款以及流行度较高等优势，以满足其诉求，进而刺激他们产生强烈的购买欲望。

①借用流行元素

年轻消费群体注重求新，总是很关注时尚动态、潮流理念，假如我们在文案中突出这些流行元素，便能够很自然地吸引他们的注意力，促使其心甘情愿地购买产品。比如，"百事可乐，新一代的选择"这则文案，它向年轻消费者群体传达了一个这样的理念：作为年轻人，理应喝百事可乐，因为这符合当下的时尚潮流，百事可乐在年轻人中非常流行。当然，百事可乐也在包装方面迎合了年轻消费群体的诉求。

②彰显独特品位

虽然年轻消费者追求流行文化，但不想完全随大流，也想要保持自身的个性，以突显自身的独特品位。因此，我们在撰写文案时就要迎合其追求个性的心理诉求。

比如，2015年苹果公司发布了新款智能手机iPhone6S，其发布的广告文案是"唯一的不同，是处处都不同"，很形象地体现了该手机的独特性，符合消费者的购买动机，所以很容易激发其购买欲望。

当然，消费者的诉求还有很多，比如，有追求高端的，这些人喜欢购买奢侈品；有追求便利的，这些人喜欢在购买流程简单的地方购买产品；有追求独特的兴趣爱好的，这些人可能喜欢收藏打火机等。这些五花八门的诉求在一定程度上对消费者的购买欲望产生了影响。总之，只要我们满足消费者的心理诉求，文案的转化率就能显著提高。

10.4　吸引力：文案的五个信任佐证，简单有效

优秀的文案会在一瞬间抓住你的注意力，让人从心底对它生出一种好感。所以，好的文案一定有它的闪光点，让人无法拒绝它所散发的魅力；同时，好的文案也具有一定的内涵，无论时光如何变迁，它都存在人们的记忆中，随时会被人们拿出来说道说道；好的文案不会"雁过无痕"，它会给我们一些独特的感受和启发，在你脑海中留下深刻的印象。

那么，如何才能让文案具有独特的闪光点呢？首先要做到的就是吸引消费者的注意力，当消费者注意到我们的产品的时候，我们才能顺利地将产品卖出。卖货文案与其他"标题党"文案最大的不同点在于，卖货文案的目的是要赢得消费者的信任，它需要具有真实性，不能为了卖货去欺骗消费者。

那么，我们要怎样才能既保证文案真实性又让文案具有闪光点呢？下面有五个信任佐证，简单有效。

◆ 打破常规，吸引消费者注意力

打破常规就是要推翻常识，那些比较大众化的文案消费者已经看过太多，如果我们的文案太过俗套，就不能给消费者带来震撼。

那么，如何去写打破常规的标题呢？一般是先找到消费者已经达成共识的部分，然后从它的对立面入手。滋源洗发水的广告文案就很好地运用了这一点。

【案例一：洗了一辈子的头发，你洗过头皮吗？——滋源洗发水文案】

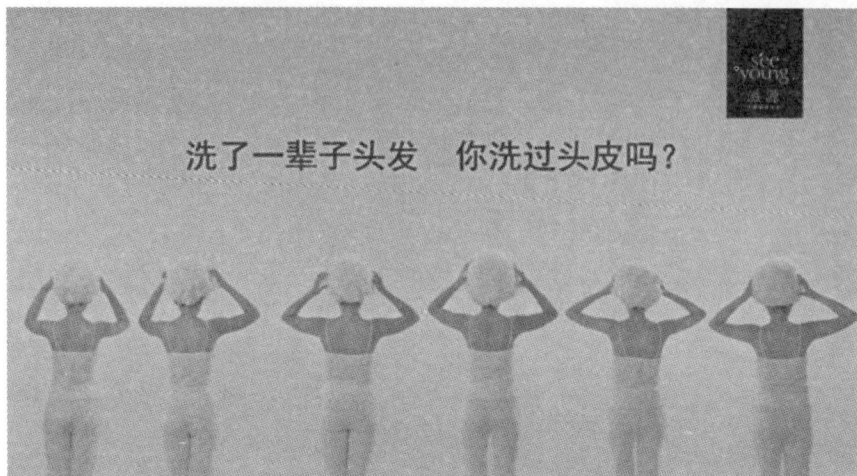

图10-10　滋源洗发水广告文案

在人们的常识里，洗头发就是清洁发丝、护理发丝，而滋源洗发水的广告文案："洗了一辈子的头发，你洗过头皮吗？"打破了人们对头发护理的常规认识，它告诉消费者：清洁头发要从头皮开始，我们的产品能帮助你从头皮根源解决问题。

◆ **利用感官描述为消费者营造体验画面**

人类通过自身的感官去感知这个世界，用嘴巴品尝味道，用鼻子识别气味，用眼睛分辨颜色，用耳朵聆听声音，用触觉感知温度。在文案中增加一些感官描述，可以激发消费者的想象力，让消费者感知产品的魅力，进而产生想要购买的欲望。

比如，某薯片广告的文案是"一口咬下去，'咔嚓'的清脆响声瞬间从嘴巴传到耳朵"，这种感官的描写越细腻，就越能激发消费者感同身受，从而激发他们的购买欲望。又如，好利来蒲公英巧克力的文案，用感官激发消费者的美好想象。

【案例二：轻得像蒲公英的巧克力，你吃过吗——好利来文案】

图10-11 好利来广告文案

好利来在抖音上发布的这则广告，消费者看到文案的第一反应一定是："真的有这么轻的巧克力吗？它的口感也像蒲公英一样轻盈吗？和别的巧克力有什么不同？"或者"听起来就很好吃，一定要试一试！"在这样美好的想象中，消费者会产生强烈的购买冲动。这款蒲公英巧克力是好利来的明星产品，销量始终遥遥领先，除了巧克力本身的美味以外，优秀的文案也为它加分不少。

◆ **给消费者一个无懈可击的购买理由**

我们在写卖货文案时，要给消费者一个无法拒绝的理由，比如下面的两个案例：

【案例三：在××，做更好的妈妈——某育儿APP文案】

这个育儿APP的文案，就抓住了女性想要做好妈妈的心理需求。现代女性非常独立，她们既要工作又要照顾家庭，所以她们不希望自己被困在育儿的琐碎事之中，如果有一款APP能解决这一问题，当然会深得妈妈们的喜爱。所以，这款APP的下载量很快超过了20万。

【案例四：信者得爱，爱是唯一——某高端珠宝品牌文案】

而另一则关于珠宝品牌的文案，则抓住了人们渴望感情专一的心理。在外遇、出轨等不良行为屡见不鲜的时代，人们更向往能拥有忠贞不渝的爱情。文案中的"信者得爱"传达了真爱至上的观点，"爱是唯一"为产品赋予"保持忠贞、信守承诺"的意义，渴望真爱的消费者怎么会拒绝这样的产品呢？

◆ 利用趋利避害的心理直戳消费者痛点

人们往往对未知的事物产生恐惧感，所以会做一些事去对抗和缓解这种情绪，这是人的本能反应。就像女人害怕皱纹，所以会去购买一些抗皱的产品；老人担心衰老和身体健康，所以会购买一些保健品。

我们可以将人们的这些心理运用到卖货文案中，让人们产生一种危机感，并在危机感的影响下付诸实际行动，去购买你的产品。美肤宝防晒隔离霜的文案就运用了这种技巧：

【案例五：不怕晒，晒不怕——美肤宝防晒隔离霜】

炎炎夏日，既想出门又担心强烈的紫外线将皮肤晒伤，这可如何是好呢？而美肤宝防晒隔离霜文案的成功之处就在于它抓住了女人害怕皮肤晒黑、晒伤的心理特点，用寥寥数语告诉消费者，使用我们的产品后你所担心的问题都能迎刃而解，烈日炎炎想去哪里就去哪里。

我们在运用消费者趋利避害心理时也要把握好分寸，要在产品原有的功效之上发挥，切忌不可过分夸大。如果产品的实际情况与文案描述的相差太远，消费者就会产生上当受骗之感，这反而不利于产品销售。

◆ 用"与我相关"的文案吸引潜在消费者

人的大脑会自动过滤那些与自己无关的信息，这是人类趋利避害的生存机制。尤其在这个信息泛滥的时代，到处都充斥着各种信息，令人眼花缭乱、应接不暇，为了避免大脑中的信息"过载"，人们只会筛选并关注与自己有关、对自己有利的信息。这就好比在嘈杂的车站里，周围的谈话声和噪音会被我们屏蔽掉，但是只要有人喊我们的名字，我们立刻就能听到。

我们在写文案时可以利用这一点，直接筛选并定位到目标用户，比如，最近计划生小孩的夫妇，会特别注意育儿相关的信息，我们写母婴产品的文案时，就可以用"准爸爸、准妈妈注意了"或者"新手爸妈注意了"之类的语句去吸引目标用户。

◆ 用信任背书给消费者吃定心丸

最后，我们还需要赢得消费者的信任，毕竟消费者是要花钱来购买产品的，他肯定希望自己买的东西能物有所值，仅凭我们的一面之词还不足以让他完全放下戒备，所以我们必须有足够的理由说服消费者来信任你。经常有那种广告打得响却卖不出货的情况，我们要做充足的准备来规避这种风险。

一般来说，消费者最担心的情况有两种，一是产品达不到预期的效果，二是买贵了。如果我们的品牌不够"硬"，消费者的担心和不信任就会加倍，也很有可能不会选择我们的产品。

所以，我们要找一些大咖、权威机构、忠实客户等为产品背书，以增强消费者对我们产品的信任。比如，畅销书《清单革命》用的就是找大咖背书的方法。

【案例六：全球思想家正在读的20本书之一——《清单革命》文案】

《清单革命》的文案能让消费者产生马上拜读的想法，因为文案中提到的"全球思想家"就是这本书的品质保障。大众对权威专家的信任度比较高，利用这种方式来包装产品，更能获得消费者的认同，但我们在背书时也要考虑到，自身产品的特质和定位与权威的身份是否相符。

除了请权威帮忙背书以外，我

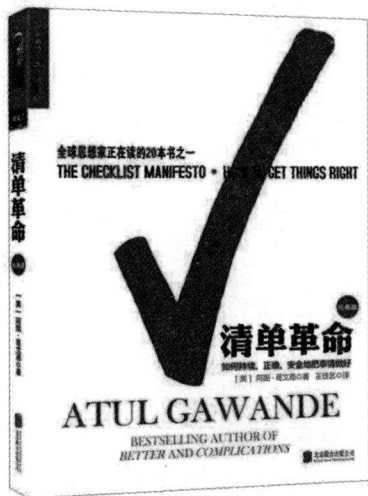

图10-12　《清单革命》一书文案

们还可以用忠实客户的故事来打动消费者。不过在写这类文案时，要注意感受和体验的真实度，不能一味地夸赞产品，要站在消费者的立场讲故事，否则消费者就会觉得文案中的客户反馈和感受都是虚假的。这类文案比较常见的表述方式是："我以前……可是自从使用了 ×× 产品……"奥斯汀轿车的经典文案就利用真实可信的客户反馈打动了消费者：

【案例七：我用驾驶奥斯汀轿车省下的钱，送儿子到格罗顿学校念书——奥斯汀轿车文案】

这个文案很好地凸显了奥斯汀轿车经济实惠、油耗低的特点，不仅如此，文案中还详细地列了一份省钱清单。这些细节增加了文案的可信度，同时又结合了孩子教育的热门话题，为品牌树立了良好的形象。

可以用来增加文案信任感的技巧和方法还有很多，比如，参加公益活动、证明产品的原创性、定义行业标准、说明产品在市场上的领先地位、列举别家产品所不具有的特性等，这些都能增加消费者对我们产品的信任度。

写卖货文案的首要原则就是："抓住消费者注意力，刺激购买欲望"，只要做到了这一点，就不愁产品卖不出去。我们除了要在文案写作技巧上下功夫以外，还要研究消费者的心理，挖掘消费者的需求。总而言之，就是要把消费者研究透彻，只要做到了这一点，我们的文案无论怎么写都能让产品大卖。

10.5　说服力：能变现的文案善于攻心，抓住消费者的五大需求

写卖货文案，说到底就是一场与消费者的心理战。有的文案，看似云淡风轻，却处处点到消费者的要害，创造出销售神话；而有的文案，看似花团

锦簇，却丝毫不能打动消费者。同样是文案，为何会有如此不同的效果呢？事实上，文案变现关键在于攻心。

那么，我们如何才能写出"攻心"文案呢？首先我们得对消费者的心理需求有一个较为清晰的认识，马斯洛需求层次理论就给了我们一个很好的参考答案，它将人类的需求按生理需求、安全需求、社交需求、尊重需求和自我实现需求这五个层次进行了从低到高的排序。我们若能以马斯洛需求理论为基础，深入挖掘消费者的内在需求点，再巧妙地运用到文案策划上，就能使我们的文案更有针对性、更具有刺激消费的能力。

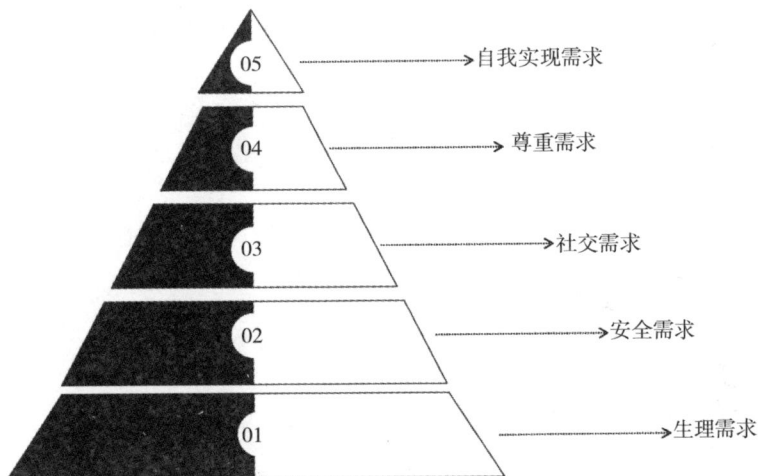

图10-13　马斯洛需求层次理论

下面，我们来就来抽丝剥茧，看看这五个层次的需求应该如何运用到文案写作中。

◆ 生理需求

生理需求是人类最基本的生存需求，比如，吃饱穿暖、有住所、能找到伴侣、繁衍下一代等需求。如果连生理需求都不能得到最低程度的满足，人类的生存和发展就会受到威胁。所以，生存需求是根植于我们内心的需求，我们天生会就对美食、美酒和豪宅产生渴望，很多品牌在做广告时都会用最直接的方式来刺激消费者的生存需求。肯德基的广告会用飞溅酱汁的画面和金黄的鸡翅来勾起消费者的食欲，在文案方面也是如此。

【案例一：每个鸡翅，都值得被啃个干净——肯德基文案】

这是肯德基 2018 年的文案，看到这个文案的瞬间，消费者会立刻想起肯德基的美味鸡翅，并且产生买一对鸡翅来"啃干净"的冲动。类似的文案肯德基还有很多，比如"油条也懂得壮大自己""一门心思做咖啡，我的鸡都吃醋了"这些文案不仅幽默，而且能很快唤起消费者的食欲，满足消费者的生理需求。

◆ **安全需求**

在马斯洛看来"人的感受器官、效应器官、智能和其他能量主要是寻求安全的工具，甚至可以把科学和人生观都看成是满足安全需要的一部分"。

安全需求，是人们对健康、安全的需求，包括对生命安全、生活保障和财产安全的需求。其中，生命安全是我们最为重视的。很多汽车品牌都通过强调安全获得了消费者的信任，比如沃尔沃汽车，我们来看一下沃尔沃汽车推出的文案：

【案例二：对妈妈来说，你的每一次安全归家是她最大的心愿——沃尔沃文案】

沃尔沃在一次母亲节活动中的推广文案是这样的："亲手绘制一张卡片，感恩她漫漫岁月中为你长出的白发。对妈妈来说，你的每一次安全归家是她最大的心愿。沃尔沃用心读懂母亲，秉承极致安全的承诺，为每一次爱的归家护航。"

这则文案不仅突出了沃尔沃汽车的安全性能，而且把妈妈对孩子的爱和安全话题结合起来，直戳消费者的内心，唤起了他们购买沃尔沃汽车、满足安全需求的欲望。

◆ **社交需求**

人的社交需求体现在两个方面，一是对关系和情感的追求，因为人类是社会动物，我们渴望与他人建立亲密而和谐的关系，追求亲情、友情和爱情；

二是对归属感的追求，即个人希望融入群体的需求。

相比生理需求和安全需求，社交需求更加深刻和细腻，如果两个人的生活经历、教育背景、价值观和宗教信仰都不相同，那么他们的社交需求也是不一样的。而满足社交需求的广告文案也叫作社交沟通文案，所以面对不同的消费者群体时，文案人要采取不同的沟通方式。

比如，味全每日C表白瓶上的文案就是针对年轻消费者的，上面的一句句暖心的话语就像是一个知心朋友的问候，让渴望社交和关怀的年轻人难以拒绝。

【案例三："加班辛苦了！"——味全每日C文案】

在饮料瓶身上写字这件事，味全每日C似乎也很有一套，一句"加班辛苦了"就像朋友的问候，让消费者瞬间暖到心里。像这样的暖心话，味全每日C的瓶身上还有很多，比如：

"昨晚没睡好，你要喝果汁。"

"不爱晒太阳，你要喝果汁。"

"你爱美，你要喝果汁。"

"你爱你自己，你要喝果汁。"

"你不爱吃菜，你要喝果汁。"

"电脑8小时，你要喝果汁。"

"约你一起吃早餐。"

"你今天真好看。"

"保持微笑。"

小小的文案，却有大大的能量，这些简单的话语，能触动消费者的心，在无形中拉近品牌与消费者之间的距离。味全每日C凭借这些"攻心"文案成功赢得了消费者的好感，成功掀起了一波"集瓶""晒瓶"的热潮，也拉动了产品的销量。

◆ 尊重需求

尊重需求是人们渴望得到尊重和认可的心理需要，尊重需求可以分为内部和外部两个层次，内部尊重需求是满足自尊、获得自信的需求，外部尊重需求是获得他人尊重、爱戴和信任的需求。我们每个人都有尊重需求，这也决定了我们无法抗拒别人的尊重、赞美、信任和认同，因为我们可以从中获得更多的自信和价值感。

如果我们想写出满足消费者尊重需求的"攻心"文案，就必须让消费者感觉到自己受重视、有价值。很多楼盘、汽车和奢侈品的广告都会着重满足消费者的尊重需求，让消费者产生"用了这个产品，就会更有面子"的感觉。

很多广告文案之所以如此深入人心，就是因为他们充分满足了人们被尊重、被重视、被赞美、被认同的心理需求，比如，自然堂的广告文案"你本来就很美"，欧莱雅的广告文案"你值得拥有"，以及七匹狼的广告文案"男人不止一面"等。

◆ 自我实现需求

自我实现需求是人类最高层次的需求，人类对自我实现的追求是无止境的，而且满足这一需求所获得的快乐和满足也是最多的。自我实现需求包括实现个人的理想和抱负，让自己的身心潜能得到最大发挥等，如果我们能在文案写作中运用这一点，侧重消费者的自我实现需求，产品销售的效果可能会更进一步。

能够满足消费者自我实现需求的文案，一般用在高价格、高附加值的产品上，比如保时捷的广告文案"用传奇，刷新传奇"，以及长安福特的广告文案"进无止境"。这类产品的广告画面也会着力表现主人公的耀眼魅力，以及一切尽在掌握的自信。看到这样的文案和画面时，我们忍不住会想："如果我也能成为这样的人，那该有多好啊！"并且会忍不住把自己代入广告文案所展现的情境中。从某种程度上说，这样的广告文案成功满足了消费者的自我实现需求。

一则好的文案，应该是具有变现能力的，换句话说，能卖货的文案才是好文案。因此，我们在写作文案时不应局限于辞藻和产品卖点的堆砌，还应在洞察消费者需求之后，利用"攻心"之术激发消费者的购买欲，让他们掏钱埋单。

参考文献

[1] 川上徹也. 好文案一句话就够了 [M]. 北京：北京联合出版社，2017.

[2] 张贵权，张洵瑒. 文案策划：撰写技巧与经典案例 [M]. 北京：化学工业出版社，2019.

[3] 乐剑峰. 文案功夫：成为金牌文案的 6 大核心能力 [M]. 北京：中信出版集团，2019.

[4] 罗伯特·布莱. 文案创作完全手册：文案大师教你一步步写出销售力 [M]. 3 版，北京：北京联合出版社，2013.

[5] 陈凡. 疯狂文案 [M]. 北京：当代世界出版社，2019.